백두대간

종주 라이딩

로드맵

백두대간
종주 라이딩
로드맵

초판 1쇄 발행 2018년 10월 15일
초판 2쇄 발행 2020년 11월 10일
지은이 문성화 **펴낸이** 박성모 **펴낸곳** 소명출판 **출판등록** 제13-522호
주소 서울시 서초구 서초중앙로6길 15, 1층
전화 02-585-7840 **팩스** 02-585-7848
전자우편 somyungbooks@daum.net **홈페이지** www.somyong.co.kr

값 18,000원
ISBN 979-11-5905-301-6 03690
ⓒ 문성화, 2018

문성화 지음

백두대간

종주 라이딩
로드맵

소명출판

"백두대간을 가로지르는 모든 고개를 자전거를 타고 넘는다!"

생각만 해도 가슴 설레는 일이다. 당연히 걱정도 된다. 보통 백두대간 종주라고 하면 사람들은 백두산에서 지리산까지 이어지는 주능선을 따라 등산으로 종주하는 것을 떠올린다. 직접 등산하는 사람에 따라 다르겠지만, 현재로는 설악산과 지리산을 잇는 대략 800km 정도의 주능선 길을 따라 종주하는 것이다.

나는 등산이 아닌 자전거를 타고 종주할 계획을 세웠다. 등산이 아니기 때문에 백두대간 주능선을 가로지르는 도로를 따라 고개를 넘는 라이딩이다. 2015년에 이미 한번 실행해서 안전한 경험이 있으니 이번 종주 라이딩은 두 번째다. 2년 전에는 동료와 함께 둘이서 달렸지만, 이번에는 혼자서 대중교통만을 이용해서 라이딩할 계획을 세웠다.

정책의 잘잘못 등을 모두 제쳐두고 자전거길만 놓고 따져본다면, 우리나라의 자전거 전용 도로는 상당히 잘 되어 있다고 한다. 최대한 강변을 따라 건설하고 조성한 자전거길을 따라 인천에서 군산과 원주, 안동, 춘천 그리고 부산까지 거의 자전거길만 타고 갈 수가 있다. 안동, 담양, 목포, (전북) 강진, 광양은 도중에 일반 도로를 경유해서 자전거길을 따라 갈 수 있다. 국토 종주 자전거길과 4대강 자전거길 등에서는 외국인 라이더도 심심찮게 만날 수 있다.

하지만 일상에서 반복되는 일에는 싫증을 쉽게 느끼듯이, 나는 국토 종주와 4대강 종주 그리고 오천 자전거길과 섬진강 자전거길 종주를 세 번씩 마치다 보니 이제는 자전거길 라이딩이 지겨워졌다. 그래서 새로운 코스를 찾아서 달리기 시작했는데, 그동안 백두대간 종주 라이딩과 동해안, 남해안, 서해안 종주 라이딩도 완성하였다. 그 중간 중간에 지도를 봐가며 다른 지역의 일반도로를 달린 적도 많다. 그러면서 올해(2017년) 초에는 백두대간 종주 라이딩을 혼자, 그것도 오로지 대중교통만 이용하여 완성할 계획을 세운 것이다.

이런 계획을 보며, 또 이미 혼자 라이딩하기를 좋아하는 나를 보며 사람들은 종종 물어왔다. "혼자 다니면 외롭지 않느냐? 혼자 달리면 위험하지 않느냐?" 적어도 나에게 하나는 맞고 하나는 틀렸다. 맞는 것은 위험할 수 있다는 점이다. 하지만 맹세코 외롭다고 느껴본 적은 단 한 번도 없다.

아니 외롭기는 한데 그 외로움을 즐기는 것인지도 모르겠다. 인간의 삶은 근본적으로 혼자인데 살아가는 동안 인연으로 이어져 있는 것일 뿐이다. 혼자 라이딩을 하면 그런 점을 자연스럽게 인정하고 받아들이게 된다. 인연의 끈으로 이어져 있는 인간관계를 인정하면 인연의 소중함을 느낄 수 있다. 그래서 솔로 라이딩이 더 즐거운지도 모를 일이다.

이런 라이딩 스타일에 대해 사람들이 하는 말이 있다. "빨리 가려면 혼자 달리고 멀리 가려면 함께 달려라!" 나에게는 이 말도 반대로 적용된다. 타인과 함께 달리면 의도하지 않은 경쟁심이 조금이라도 생겨서 속력을 내는 경우가 많지만, 나 혼자서는 스스로의 페이스를 유지하며 더 멀리 달리게 되기 때문이나. 아니, 나는 너 멀리 가고 싶어 한다. 삶에서 모든 경우에 동일하게 적용되는 원칙이란 없다. 원칙이라고 생각된 것들은 언제든지 변할 수 있다. 나는 그런 변화를 수용하며 달린다.

그런데 혼자 달리면 위험할 수 있다는 점은 인정한다. 특히 사고가 발생할 가능성이 크다기보다는 사고가 발생했을 때 응급처치를 신속하게 할 수 없다는 점이 위험하다. 만일 사고 발생 가능성 때문에 위험해서 혼자 달리지 못한다면 아예 라이딩할 생각을 버려야 한다. 삶에서 위험한 상황은 언제 어디서나 발생할 수 있다. 이런 점을 항상 염두에 두고 라이딩을 해야 한다. 그만큼 더 조심한다는 말이다. 라이딩에 필요한 기본 장비는 물론이고 보통의 라이더가 잘 입지 않는 반사조끼도 착용한다. 만일의 경우를 대비해서 응급약품까지 챙길 때도 많다. 사전에 교통편이나 숙박, 코스의 난이도 등도 철저하게 조사한다. 그리고 라이딩 도중에 나보다 더 잘 타는 라이더를 만나도 오버 페이스를 하지 않으려고 무척 신경 쓴다. 솔로 라이딩을 즐기는 것은 남과 경쟁하기 위해서가 아니라 나 자신과 싸워 이기기 위한 것이기 때문이다. 내가 세운 그날의 라이딩 목적지에 무사히 도착하면 나는 승리하게 된다. 우리는 그렇게 삶을 살아간다. 그래서 백두대간 종주 솔로 라이딩 계획을 세운 것이다.

자신과 다른 길을 가고 있는 타인의 삶을 함부로 이야기하거나 평가해서는 안 되는 것처럼, 자전거를 타고 달려보지 않은 사람은 라이딩에서 가치와 의미를 찾는 사람의 생각을 자신의 가치관에 의해 재단해서는 안 된다. 우리는 자기 자신이 아직 미처 발견하지 못한 자신의 잠재능력을 찾기 위해서라도 라이딩을 시작해볼 필요가 있다. 스스로 찾아낸 육체적 잠재능력은 정신적 잠재능력마저 발휘하게 할 가능성이 매우 크다. 그러한 잠재능력을 찾기 위해서는 가만히 앉아 있어서는 안 된다. 도전해야 한다.

살다 보면 자신의 계획이나 생각과는 달리 실패나 패배를 맛보는 경우가 허다하게 생긴다. 그 경우가 크든 작든 간에 사람들은 그때마다 좌절하기도 한다. 하지만 기회가 한 번뿐인 경우도 있지만 그렇지 않은 경우도 있다. 그렇다면 다시 도전해서 성취하려는 정신과 마음가짐이 무엇보다 중요할 터이다. 그래서 나는 이번 백두대간 종주 솔로 라이딩을 계획하면

2014년 6월 중순. 영주터미널을 출발하여 죽령을 넘고
운두령에 오를 때 정상 근처에서 자전거를 끌고 올랐다.
완전히 기진맥진 한 상태에서 자전거에 겨우 몸을 지탱
하고 있는 모습

2015년 8월 1일. 마지막 남은 진고개에 도착함으로써
1차 백두대간 종주 라이딩을 완성하였다.

서 될 수 있는 한 2년 전에 올랐던 코스와는 반대로 오르고자 했으며, 2년

전에 너무나 힘들어서 자전거를 끌고 넘었던 구간은 무슨 일이 있더라도

자전거를 탄 채 넘고자 결심했다.

　인생이든 라이딩이든 도중에 힘든 경우는 반드시 있으며, 그럴 때 포기

하고픈 마음도 들 것이다. 하지만 도중에 힘들어서 잠시 쉴 수는 있어도

포기하지는 말아야 한다. 인생의 길이라고 생각하며 달려보는 것이다. 남

들이 나를 인정해주기를 바라기 이전에 스스로 자신을 인정하는 게 먼저여야 한다. 그러기 위해서는 일단 자전거 안장에 앉아서 페달을 돌리기 시작해야 한다. 그래야만 자신이 어디까지 달릴 수 있으며 얼마나 높은 고개를 넘을 수 있을지 알 수 있기 때문이다.

그렇게 시작한 게 2015년 1차 백두대간 종주 라이딩이었다. 그해 3월 말부터 시작하여 거의 매 주말 토요일이나 일요일 가운데 하루를 택하여 하루 종일 달리는 방법으로 8월 초에 진고개에 도착함으로써 완성하였다. 하지만 그때는 두 사람이었고 승용차량도 몇 번 이용하였다. 그리고 마지막에 승용차량을 이용하다 보니 코스를 미시령과 진부령을 거쳐서 진고개에 도착하는 방향으로 정할 수밖에 없었다.

2015년에는 그것으로 백두대간 종주 라이딩을 다시는 하지 않을 것이라 생각했다. 그리고 동해안 통일전망대에서 해운대까지, 남해안 낙동강 하굿둑에서 해남 땅끝마을까지, 서해안 해남 땅끝마을에서 인천고속버스터미널까지, 북쪽 면인 인천 정서진에서 속초시외버스터미널까지 종주 라이딩을 통해서 대한민국 4면을 모두 연결하였다. 그날은 2016년 7월 18일이다.

모든 종착지는 또 다른 시작점이고 모든 마지막은 또 다른 시작을 알리는 신호가 되었다. 업힐의 고통을 알기 때문에 그 고통이 그리워졌다. 업힐을 피하는 게 아니라 즐기게 되었다. 고통 뒤에 맛보는 성취감을 계속해서 느끼고 싶어졌다. 그래서 되도록이면 고갯길을 넘는 라이딩을 찾아서 하게 되었다. 그걸 위해 가장 좋은 라이딩은 바로 백두대간 종주 라이딩이라는 생각이 들었다. 다시 계획을 세우기 시작했다.

이번에는 처음부터 끝까지 혼자 라이딩을 하는 것이다. 승용차량을 이용하지 않고 오로지 대중교통만 이용하여 완성할 계획을 세웠다. 그리고 집이 있는 대구에서 당일에 출발하여 그날의 라이딩을 당일에 끝내고 귀가하는 것을 원칙으로 구간을 나누었다. 또한 지리산에서 출발하여 설악산에서 완성하기로 했다. 마지막으로는 되도록이면 1차 백두대간 종주 라이딩을 할 때와는 반대쪽 코스나 다른 코스로 고개를 넘는다는 게 원칙이다.

드디어 2017년이 밝았다.

01

두 번째 백두대간 라이딩을 시작하며

거리 84km | 획득고도 1,630m

남원시외버스터미널 ▶ 정령치(1,172m) ▶
성삼재(1,102m) ▶ 순천종합버스터미널

2017년 5월 3일 수요일, 자격도 없었던 박근혜의 대통령직 탄핵 이후 맞이하게 된 대통령 선거일과 징검다리 휴일을 포함하여 학교에서는 정확하게 일주일의 연휴를 선포(?)하였다. 나의 라이딩 계획도 이에 맞추어져 있었다. 처음에 계획을 세울 때는 최소 2박 3일, 길게는 4박 5일 동안 백두대간 라이딩을 하려고 했다. 그렇게 생각하고 여러 가지 점검을 했다.

자전거는 알루미늄 하드테일 예거 아스펜 A7인데 3년이 된 것이다. 무엇보다 중요한 체인링이 도발Doval이다. 도발 체인링은 두 개의 비대칭 타원형을 조합하여 사점을 없애고 페달링을 할 때 힘을 고르게 분산하여 평지에서나 오르막에서나 에너지 효율을 극대화한 과학의 결정체라고 할 수 있다. 그리고 기본 안정 장비와 복장 등의 채비를 하여 집을 나선 시각이 5

월 3일 아침 6시 40분이었다.

사실 나는 백두대간을 가로지르는 도로와 고개를 모두 넘는 종주 라이딩을 2년 전인 2015년에 완성하였다. 그런데도 내가 올해(2017년) 다시 시도하는 까닭은 무엇일까? 2년 전에는 혼자 한 것이 아니었다. 라이딩의 즐거움은 함께할 때 느끼는 것도 많지만 혼자일 때 진정한 인생을 배운다는 점에 있는 게 아닐까 생각한다.

함께한다면 다른 사람의 기분을 살피고 서로가 배려하기는 하지만 힘들 때도 많다. 물론 이러한 점이 사회생활에서는 많은 도움이 되기도 하지만, 인생은 어차피 혼자라는 사실을 아는 사람이라면 홀로 라이딩을 하면서 깨달을 게 많을 것이기 때문이다. 장단점은 어디에나 있다. 나는 홀로 라이딩하면서 장점만 생각하려 한다.

우선 예약한 대로 대구서부시외버스터미널에 도착하여 승차권을 구입하고 버스가 올 때를 기다려서 기사님에게 인사를 한다. 나는 시외 장거리 라이딩을 주로 하기 때문에 버스를 타기 전에 일부러 기사님과 눈을 마주친다. 그리고는 반드시 인사를 한다. 계속 눈을 마주하고 있으면 "자전거 좀 싣겠습니다" 하고 말을 한다. 하지만 인사를 한 후 기사가 바로 시선을 돌려버리면 아무 말도 하지 않고 그냥 화물칸에 자전거만 싣는다.

버스 화물칸은 나의 전용칸이 아니다. 일단은 그냥 싣지만, 만일 짐이 많을 경우에는 앞바퀴를 분리하여 부피를 최소한으로 줄여서 다른 승객들에게 피해를 주지 않도록 신경 쓴다. 다행히 다른 짐이 없어서 안도하지만, 긴 연휴가 시작되는 날이라 대구에서 남원까지 가는 데도 버스는 만원이다. 평소 같으면 1/3 정도의 승객을 태우고 가지만 이번 연휴에는 나들이객이 많아서 빈 좌석이 없다. 광주~대구를 잇는 예전 88고속도로가 왕복 4차선으로 확장 개통된 후로는 대구~남원 시간이 많이 단축되어, 아침 7시 55분 첫차가 1시간 30분 만인 9시 25분에 남원시외버스터미널에 도착했다.

내가 남원에 도착하면 가끔 식사 대용으로 이용하는 만두집이 있는데 만두 하나 가격이 자그마치 천 원이다. 김치만두, 고기만두, 찐빵 등이 있

한 개 천 원 하는 만두이지만 크기가 엄청나다.

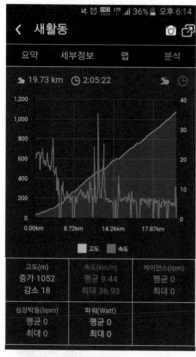

고도(m)	속도(km/h)	케이던스(rpm)
증가 1052	평균 9.44	평균 0
감소 18	최대 36.93	최대 0

심장박동(bpm)	파워(Watt)	
평균 0	평균 0	
최대 0	최대 0	

남원시외버스터미널을 출발하여 정령치까지의 경사도와 거리

는데 하나만 먹어도 배가 부를 정도로 크기가 엄청나다. 섬진강 자전거길 종주를 중간에서 몇 구간으로 나누어서 달릴 계획을 세운 사람이라면 남원을 이용하는 것도 편리하다. 이런저런 이유로 나는 거대한 만두 하나를 먹고 두 번째 백두대간 종주 라이딩의 스타트를 끊는다.

남원시외버스터미널에서 지리산 정령치를 향해 라이딩을 시작하면 처음부터 오르막을 올라가는 코스이다. 거리는 정확하게 20km이다. 백두대간 종주 라이딩이나 등산을 백두산에서 시작하는 것으로 생각하면 종착지라고 할 수 있는 지리산에서 자전거로 오를 수 있는 가장 높은 곳이 바로 정령치(1,172m)이다. 한라산을 제외하고는 현재 남한에서 가장 높은 산봉우리가 지리산 천왕봉(1,915m)이니 그럴 만도 하겠다.

남원시외버스터미널을 벗어나 동림교를 지나면서 좌회전을 하면 주천면으로 가는 길인데, 구룡계곡과 구례방면 길이다. 잠시 달리면 오른쪽으로 구례 방면 19번 국도가 나오고 정령치 방면은 계속 직진만 하면 된다. 도중에 춘향묘가 있는데 완만하지만 오르막의 연속이다. 여기서부터 본격적인 업힐이 시작된다. 초반 경사도는 6~8%를 오르내리는데, 남원시외버스터미널을 기점으로 약 20km를 오로지 업힐만 해야 되므로 절대로 초반부터 오버페이스를 하면 안 된다. 중간 중간 경사가 더 심한 곳도 있으며, 고기 삼거리부터 정령치까지는 13~16%에 이르는 극한 업힐이 기다리고 있기 때문이기도 하다.

남원시외버스터미널에서 고기 삼거리까지 약 14.5km인데, 고기 삼거리에 도착하기 전부터 여원재로 갈 것인지 정령치로 올라갈 것인지 갈등했다. 나는 이전에 이미 정령치와 성삼재에 두 번 라이딩을 했기 때문이었다. 첫 번째는 2014년 8월 하순에 함양시외버스터미널에서 출발하여 남원시 산내면 뱀사골 입구를 지나고 달궁마을을 거쳐 성삼재에 먼저 올랐다가 정령치까지 라이딩한 것이었는데, 이것을 계기로 백두대간 종주 라이딩을 시작하게 되었다. 하지만 곧바로 계속 이어서 백두대간 종주 라이딩을 하지는 않았으며, 우선 동해안 자전거길 인증센터가 만들어지기 이전에 통일전망대에서 해운대까지 동해안 종주 라이딩을 완성하였다.

2015년 3월, 봄이 되면서 백두대간 종주 라이딩을 본격적으로 시작하여 육십령을 첫 출발점으로 삼은 뒤, 여러 구간으로 나누어 주로 주말을

계단 상단부에 춘향묘가 보인다.

2014년 8월, 첫 번째 정령치와 성삼재 라이딩을 한 인증샷

백두대간 종주 라이딩 로드맵

이용하여 라이딩을 하다가 8월 1일에 진고개에 오름으로써 완성하였다. 그 후 며칠 지나지 않아서 백두대간 종주 라이딩의 계기를 마련해 준 정령치와 성삼재에 한 번 더 오르는 것으로 스스로 피날레를 장식하고 싶은 마음이 들었다. 그래서 두 번째는 인월면사무소까지 차량에 자전거를 싣고 가서 주차를 하고, 라이딩을 시작하여 운봉과 고기 삼거리를 거쳐 정령치에 먼저 오른 후 성삼재에도 올랐다가 다시 인월면사무소까지 한 바퀴를 빙 돌아서 도착하였다.

이렇게 이미 정령치와 성삼재에 두 번 라이딩을 했으니, 이번에는 이곳에 마지막에 오기로 하고 바로 여원재로 갈까 하는 생각이 길등의 주요인이있다. 너 솔직하게 말하면, 고기 삼거리에서 정령치까지 약 6km의 업힐이 얼마나 힘든지 알기 때문에 종주 마지막에 와도 된다는 악마의 속삭임이 들려오는 것이었다.

성삼재와 정령치 라이딩 코스 중에 상대적으로 가장 쉬운 코스는 달궁마을에서 출발하여 성삼재까지 약 8km를 오르는 길이다. 상대적으로 쉽다는 말은 경사도가 상대적으로 약하다는 것을 의미한다. 아마 가장 힘든 코스

춘향묘를 지나면 보이는 이정표

고기 삼거리, 선택의 갈림길이다.

는 천은사 삼거리에서 출발하여 성삼재까지 10km가 넘는 길일 것이다. 경사도 급한 곳이 많은 데다가 거리도 상대적으로 훨씬 길기 때문이다. 물론 구룡계곡 코스도 춘향 묘를 기점으로 하여 정령치까지 계산하면 천은사 삼거리~성삼재 구간보다 더 힘든 코스라고 할 수 있다.

여원재로 가든 정령치로 가든, 어쨌든 고기 삼거리를 지나야 되기 때문에 나는 고기 삼거리에 도착해서 잠시 숨을 돌리며 쉬는 동안 마음을 정리했다. 지금까지 이미 14km 이상 업힐해서 올라왔으니 이제 남은 업힐 거리는 6km가 채 되지 않는다. 달궁 삼거리에서 성삼재까지 다시 5km가 조금 넘는 업힐이 기다리고 있기는 하지만, 그 구간은 경사가 상대적으로 완만한 편이다. 그래서 마음을 다잡고 정령치를 향해 페달을 돌리기 시작했다.

고기 삼거리를 지나서 얼마 가지 않으면 고기 댐이 나오는데, 나는 사진을 찍는다는 핑계로 또 잠시 휴식을 취한 후 다시 페달을 돌린다. 언제 도착하게 될지 모를 업힐은 경사가 완만하다면 모를까, 철저히 자기 자신과의 싸움이다. 누구나 그러하겠지만 나 역시 나 자신에게 지고 싶지 않다. 그래서 끌고 올라가는 한이 있더라도 포기할 마음은 없다.

도중에 로드 사이클을 탄 젊은 라이더가 나를 추월한다. 그럴 때 따라 잡으려고 절대 무리하면 안 된다. 나는 그저 나의 페

경사도 14%를 알리는 표지판도 보인다.

이스대로 올라가야 한다. 한참을 올라가는데 이번에는 나와 비슷한 나이대로 보이는 MTB 하드테일을 탄 라이더 두 사람이 자전거에 문제가 생겼는지 공구를 가지고 이리저리 자전거를 살펴보고 있다. 좀 더 올라가니 그들의 동료 두 명도 앞서 가다가 멈추고는 나에게 그들 동료의 안부를 묻는다. 아마 큰 문제는 아니었던 모양이다.

경사도가 14% 이상인 곳으로 표기된 표지판은 없었지만, 나의 속도계 브라이튼 530에는 16% 이상을 나타내는 구간도 종종 나타났다. 갑자기

새로 세운 정령치 표지석(왼쪽)과 예전부터 있던 정령치 표지석(오른쪽).

사람들의 목소리가 들려왔다. 고개를 들어보니 정령치휴게소임을 알 수 있었다. 마지막 힘을 쏟으며 마침내 정령치에 도착하였다.

해발 1,172m 정령치. 함백산, 만항재와 두문동재를 제외하고는 자전거를 타고 오를 수 있는 가장 높은 곳이다. 남원시외버스터미널을 출발하여 두 시간 만에 20km를 업힐하여 도착했다. 이로써 나는 내 생애 두 번째 백두대간 종주 라이딩의 신호탄을 쏘아 올렸다.

정령치 휴게소에서 스포츠 음료를 한 병 사서 물통에 넣고는 양갱 하나를 먹었다. 점심때이긴 하지만 양갱으로 버티고 나중에 제대로 된 밥을 먹고 싶었다. 잠시 휴식을 취하고 있으니 올라오는 도중에 만난 4명의 중년

라이더들도 도착한다. 인사를 나누고 나는 다시 성삼재를 향해 출발한다.

　이제 정령치에서 성삼재까지는 11km 남짓한 거리인데, 달궁 삼거리까지 6km 정도는 내리막이다. 항상 그렇듯이 라이딩할 때는 업힐보다 다운힐을 훨씬 더 조심해야 된다. 이 구간에도 16%가 넘는 경사를 가진 곳이 있으므로 더욱 조심하면서 다운힐한다. 달궁 삼거리에서부터 성삼재까지

남원시외버스터미널에서 정령치까지 증가고도와 속도, 소요시간

시간, 거리, 속도의 세부 분석. 고도는 처음 설정이 잘못되어서 정확하지 않다.

정령치에서 바라 본 달궁마을 방면

약 5km는 다시 업힐 구간이지만, 경사는 상대적으로 완만하여 정령치에
오를 때보다 수월하게 페달링이 된다.

　도중에 승용차를 타고 성삼재로 올라가는 누군가 차창을 열고 파이팅
이라고 외쳐준다. 부부로 보이는데, 남편은 파이팅이라고, 아내는 손을 흔
들어준다. 자전거를 타고 높은 고개를 넘다보면 이런 분들을 가끔 만나는
데, 파이팅이라는 그 한마디가 정말 얼마나 큰 힘이 되는지 경험해보지 않
으면 알지 못한다. 또 종종 오토바이 라이더 무리를 만나기도 하는데, 지
나가면서 엄지손가락을 치켜 세워줄 때면 그렇게 고마울 수가 없다.

　성삼재로 올라가는 도중, 아직 1km 이상은 더 남았을 법한 곳인데 길

가에는 주차된 차들로 빼곡하다. 황금연휴를 맞이해서 많은 사람이 나들이를 나왔다는 증거이다. 하지만 달궁 삼거리에서 성삼재로 올라가는 자전거를 만나지는 못했다. 이런 길에는 자전거가 통행할 수 있지만, 길가에 주차된 차들 때문에 길은 좁아져 있는데다가, 속도가 빠르지 않은 나 혼자만의 자전거 때문에 뒤에 오는 차들이 조심해서 운전해야 된다는 사실을 알기에 그들에게 미안한 마음이 많이 들었다. 그렇지만 어쩔 수 없는 일 아닌가?

마침내 오후 1시경 성삼재(1,102m)

정령치~성삼재 구간 지도

에도 도착했다. 정말 많은 사람이, 특히 가족 단위의 행락객이 많았다. 하지만 미세먼지 때문인지 하늘은 생각보다 맑지 않았다. 노고단은 비교적 선명하게 보였지만, 남원 방향은 그렇지 못했다.

아침 9시 40분쯤에 라이딩을 시작하여 오후 1시 성삼재에 도착하기까지 3시간이 조금 더 걸렸는데, 갈증이 심해서 스포츠 음료도 많이 마셨다.

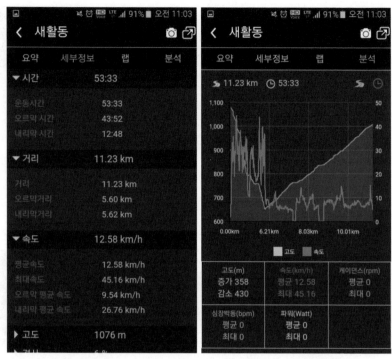

정령치~성삼재 세부분석표

정령치~성삼재 구간. 내리막의 끝지점이자 성삼재를 향한 오르막의 시작점은 달궁 삼거리이다.

그래도 모자라서 물을 사서 마셨다. 나는 땀을 많이 흘리는 편이 아니라서 라이딩 도중에 소변을 자주 본다. 하지만 계절적으로 땀을 흘리기 시작하면 소변을 거의 보지 않는다. 그래서 나는 스스로 소변을 얼마나 자주 보느냐에 따라 땀을 많이 흘리는지 아닌지를 알 수 있다. 이때도 소변을 거의 보지 않았기 때문에, 이제부터는 라이딩하면서 땀을 많이 흘린다는 사실을 인지하고 수분 섭취를 많이 한다.

오른쪽에 보이는 노고단을 바라보면서 잠시 상념에 잠겨보기도 했다. 대학생일 때 나는 여름이건 겨울이건 방학만 되면 지리산에 등산을 왔다. 그렇다고 내가 전문 산악인이었던 것은 아니고, 그저 지리산이 좋아서 자주 왔을 뿐이다. 그중에 달궁마을을 중심으로 노고단 지역을 가장 많이 올랐다. 1988년 올림픽을 개최하기 전까지 성삼재 주차장으로 오르는 길은 비포장 길이었기 때문에, 4륜구동 차량이 아니고는 차량이 올라갈 수가 없어서 노고단에 오르기 위해서는 누구나 한걸음 한걸음 걸어서 올라야 했다.

여름이면 계곡물을 컵으로 떠서 마시면 약수와 다름없는 맛으로 느껴졌으며 겨울에는 길가의 눈을 뭉쳐서 입에 넣고는 조금씩 녹여가면서 갈증을 해소했다. 그랬던 곳이 도로가 포장되고 마이카 시대를 거치면서 행락객이 차량을 타고 와서는 수많은 쓰레기를 버리고 가는 통에 지리산도 몸살을 앓고 있는 실정이 안타깝기 그지없다.

상념을 멈추고 이제 어디로 갈 것인가를 정하려고 폰으로 검색했다. 어디로 가건 대부분 내리막이다. 달궁마을 방향으로 내려가면 함양으로 가거나 남원으로 가서 버스를 타야 된다. 그런데 이곳으로 가는 길은 이미 몇 번 달려봤기 때문에 새로운 코스로 가기로 결정했다. 그 길은 구례를

구례방향 시암재 휴게소 근처에서 바라 본 성삼재와 성삼재 가는 길

시원하게 뻗어있는 길. 성삼재에서 광의 사거리까지 계속되는 내리막이다.

거쳐 순천으로 가는 길이다.

순천에서 버스를 타기 위해서는 먼저 버스가 있는지 알아보고 예약을 해야 한다. 섬진강 종주를 마치고 광양시 중마터미널에서 대구로 오는 버스가 없어서 낭패를 당한 경험이 있기 때문에, 순천발 대구행 버스부터 알아보았다. 다행히 내가 원하는 시간, 오후 6시 15분발 버스의 좌석 5개가 아직 비어있었다. 얼른 결제를 하고 이제 처음 달려보는 길, 구례방향으로 내려간다.

구례방향으로 내려가는 길은 처음에는 완만하게 이어진다. 하지만 아무리 완만한 길이라도 가속이 붙으면 무섭기 때문에 브레이크를 잡았다 놓기를 반복하면서 조심스럽게 다운힐한다. 도중에 있는 시암재 휴게소에 멈추니까 여기에도 로드 사이클을 타고 올라온 라이더 몇 사람이 보인다. 그들도 아마 성삼재까지 올라가겠지?

그렇게 생각하며 천은사 일주문에 도착하니 입장료 표지판이 일주문보다 더 눈에 잘 들어온다. 이 길이 천은사 소유란다. 그래서 천은사에 들리지 않고 그냥 통과하는 사람들에게도 입장료를 받는데, 이 때문에 법정에까지 가서 판결을 받았지만, 여전히 아랑곳하지 않고 있다. 이 날은 부처님 오신날이라서 입장료를 받지는 않았지만, 불교를 학문적으로 많이 연구한 내게는 이런 행위가 역겨울 정도이다. 종교가 돈맛을 알아버린 후 부처님이고 예수님이고 한갓 돈벌이 수단으로 전락해버린 지 오래이다.

나는 성삼재에서 천은사 삼거리까지 10km 이상을 빠른 속도로 내려왔다. 천은사 삼거리를 지나서도 구례까지는 완만하지만 내리막이 계속되었다.

성삼재에서 광의 사거리까지 약 14km가 내리막인데, 반대로 생각하면 만일 이 길을 올라간다면 14km가 넘는 길을 올라가야 하는 코스이다. 그래도 남원시외버스터미널에서 출발하는 것보다는 업힐 거리가 짧으니 괜찮을 것 같기도 하다. 이렇게 보면 성삼재와 정령치 두 곳을 동시에 모두 올라가기 위해서는 출발 지점으로 삼을 수 있는 곳이 달궁마을, 구례구역, 남원의 고기 삼거리, 이 세 지점이라고 할 수 있겠다.

이제 순천종합버스터미널까지 남은 거리는 약 38km이다. 그런데 문제가 생겼다. 계절적으로 남풍이 불 것을 예상하기는 했지만, 이미 정령치와 성삼재에 오르느라고 힘을 거의 소진한 상태에서 역풍을 맞으며 달려야 하는 것이었다. 광의 사거리에서 송치터널까지 약 22km는 완만하지만 대부분 오르막이었다. 처음 달려보는 국도 17번 도로를 최대한 갓길을 따라 달리는데, 양갱 두 개와 스포츠 음료를 제외하고는 아무것도 먹은 게 없어서 힘은 더욱 빠졌다. 구례에서 점심을 먹을까 생각도 해봤지만, 순천에 가서 꼬막정식을 찾아서 맛있게 먹어야지 하는 생각이 더 컸다. 그래도 송치터널을 지나서 나머지 약 16km는 다시 완만한 내리막이어서 그나마 조금은 수월하게 순천종합버스터미널까지 갈 수 있었다.

그런데 꼬막정식을 먹겠다는 생각이 잘못됐다는 것을 순천에 도착해서야 알았다. 버스터미널 근처에 식당은 많았지만 꼬막정식을 파는 식당을 찾지는 못했기 때문이었다. 물론 버스터미널 근처에 도착한 시각이 오후 4시 30분이었으니, 주변을 더 탐문해볼 수도 있었겠지만 힘이 빠진 상태에서 그것마저 귀찮아졌다. 잠시 주변을 돌아다니다 한 식당에 들어가서 낙지비빔밥으로 비로소 이날 처음 밥을 먹었다. 이 또한 산낙지비빔밥일거라 생각하고 들어갔는데, 그게 아니었다. 이래저래 생각한 메뉴가 아니었던지라 그냥 배고픔만 달래고 나서 대합실에서 기다리다가 6시 15분 버스를 타고 대구로 향했다.

이로써 두 번째 백두대간 종주 라이딩을 위한 스타트를 끊었다. 남원시외버스터미널~정령치~성삼재~순천종합버스터미널 총거리 84km, 획득고도 1,630m. 누가 시

성삼재에서 순천종합버스터미널까지 구간 지도

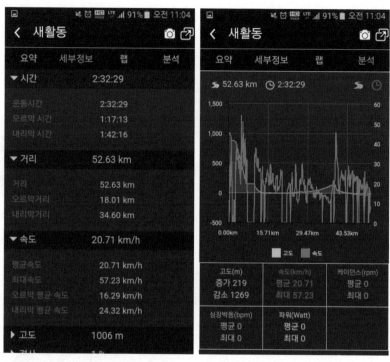

성삼재~순천버스터미널 구간 세부 분석표   표에 보이는 오르막 길이 무척 힘들게 했다.

켜서 하는 일이라면 절대로 할 수 없을 것이다. 나는 라이딩을 하면서 끊임없이 새로운 길로 달리고 싶어한다. 그런 중에도 백두대간 종주 라이딩은 온전히 혼자서 완성해보고 싶은 마음이 있다. 주로 주말을 이용해서 달릴 터인데, 언제쯤 완성하게 될지는 모른다. 고개를 넘는 게 힘들기 때문에 맛볼 수 있는 성취감, 바로 그 성취감을 위해서 나는 나 자신과의 싸움에서 이기고자 하는 것이다.

02 두 번째 구간

거리 104km | 획득고도 1,711m

함양시외버스터미널 ▶ **복성이재**(550m) ▶ **무룡고개**(933m) ▶
육십령(734m) ▶ **거창시외버스터미널**

5월 3일부터 9일까지 정확하게 일주일간 학교가 쉰다는 계획을 미리 발표했기 때문에 적어도 3박 4일 정도로 계속해서 백두대간 종주 라이딩을 하리라 마음먹었다. 하지만 중국발 미세먼지가 계획을 망쳐버렸다. 그렇다고 해서 라이딩을 포기할 내가 아니지 않은가? 대신 대구를 출발해서 당일로 돌아오는 라이딩을 계획하고 남원~정령치~성삼재~순천까지 첫 번째 라이딩을 5일 전에 마쳤다. 그리고는 5월 6일에 낙동강 자전거길에 몸 풀기 라이딩을 나갔다가 60km 거리에 두 번씩이나 펑크를 맛보고는 지하철로 귀가했다. 7일 일요일에는 집에서 집안일을 하며 보내고 8일인 월요일에 다시 라이딩에 나섰다.

이번에는 로드 사이클로 라이딩에 나선다. 내가 그 정신을 높게 평가하

대기가 맑은 날이면 선명하게 보일 지안재가 너무나 흐릿하게 보인다.

지리산IC를 지나서 복성이재로 가는 도중에 만난 무논(모내기를 준비하고 있는 물을 가득 채운 논)

는 사람, 최윤석 님이 만든 체인링인 도발 5G 1% 46-34T를 장착하였다. 스프라켓은 11-28T이다. 백두대간 고개를 로드 사이클을 타고 넘으면 어떤 기분과 느낌일지 궁금했다. 하드테일의 체인링인 40-26T와 스프라켓 11-36T와는 어떤 차이가 있는지도 몸으로 느껴보고 싶었다.

아침 7시 14분 대구서부시외버스터미널에서 함양행 버스를 타고 중간에 거창을 거쳐 함양에 도착한 시간이 대략 8시 35분경. 터미널 옆 가게에서 빵을 사서 먹고 화장실에 다녀온 후 8시 45분경 바로 라이딩을 시작했다. 남원과 인월 방면으로 24번 국도를 달리는데, 얼마 가지 않아서 왼편으로 그 유명한 지안재가 보인다. 그렇지만 한국의 아름다운 길 100선에 선정된 지안재는 오늘도 여전히 미세먼지가 자욱해서 마치 안개 속에 있는 듯하다. 미세먼지가 좀 잦아들 것이라는 생각에 라이딩을 시작했지만, 지리산 자락의 봉우리들도 희미하게 보일 만큼 대기가 좋지 않다. 하지만 시작한 라이딩을 그만둘 수는 없지 않은가?

처음에는 함양시외버스터미널을 출발해서 여원재를 거쳐서 복성이재로 갈 예정이었지만, 심각한 대기 상황을 보며 조금이라도 라이딩 시간을 단축하고 싶었다. 그리고 여원재는 남원으로 가는 24번 국도 중간에 표지판만 있는 정도이며 나는 이미 두 번을 지나간 적이 있기 때문에, 나중에 장계~무룡고개~여원재를 다시 올 생각으로 여원재를 우선 건너뛰기로 했다.

그런데 여원재로 가건 복성이재로 가건 간에 인월까지는 가야 되는데, 이 구간은 이미 중간에 업힐을 해야 된다. 인월까지 300m 이상 고도 상승을 해야만 복성이재로 가는 길에 들어서기 때문이다. 인월까지 가서 지리산IC 바로 직전에 복성이재로 들어서는데, 여기서부터 복성이재까지 상승고도는 100m가 조금 넘을 뿐이다.

도중에 보니 들에는 벌써 모내기 준비를 하고 있다. 한적한 시골길로 들어선 라이딩은 미세먼지를 저 멀리 보내버린 것 같지만 생각만 그럴 뿐이었다. 복성이재까지는 힘들지

함양시외버스터미널을 출발하여 복성이재까지의 증가고도와 거리

않다. 여기까지 오는 코스가 이미 상승고도를 높여주었기 때문이리라. 복성이재(550m)에 도착해보니 등산객을 가득 태운 관광버스가 몇 대 도착해서 등산객을 뱉어내고 있었다. 어쩌면 그들도 백두대간 종주 등산을 여러 구간으로 나누어서 하고 있으리라.

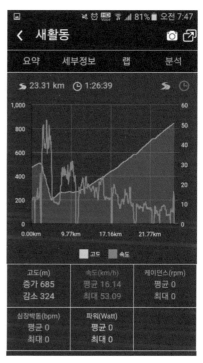

함양시외버스터미널을 출발하여 복성이재까지의
세부분석표

복성이재~무룡고개 구간 고도표

아직은 출발한 지 얼마 되지 않아서 그런지는 몰라도 힘이 넘친다. 방
부목에다 자그마하게 복성이재라고 금속판에 새겨진 표지판이 부착된 것
말고 특별한 건 없다. 백두대간 관광버스에서 내린 등산객들은 빠르게 산
속으로 사라진다. 등산 동호회는 이렇게 단체로 버스를 대절해서 다니지

복성이재를 내려서면서 보이는 잿빛 대기

만 자전거 동호회는 자전거를 실어야 하는 점 때문에 상대적으로 버스를 대절하기가 어렵다. 그런 생각을 하며 나도 인증샷만 남기고 라이딩을 계속한다.

함양시외버스터미널을 출발해서 복성이재까지의 거리는 약 26km이다. 하지만 누구나 그렇겠지만 처음에는 아직 힘이 넘쳐서 오버페이스 할 수가 있으니, 특히 장거리 도로 업힐을 즐기는 라이더라면 페이스 조절을 잘 해야 함을 명심해야 한다.

얼른 사진촬영만 하고 바로 무룡고개를 향해 다시 페달을 힘차게 돌린다. 사실 이 구간에서는 해발 높이로 따지자면 복성이재보다 약 500m쯤 더 가야만 가장 높은 곳이 나온다. 그런데 등산객을 위한 등산로 때문인지, 아니면 백두대간 줄기의 연결 구간 때문인지 복성이재에 표지판이 설치된 것으로 보인다.

정확하지는 않지만 복성이재를 출발해서 조금 달리다가 내리막이 나오는데, 약 4km 이상 거리를 다운힐한다. 도중에 아래가 내려다보이는 전망 좋은 곳이 있어서 멈춰서 사진을 찍어보지만, 역시나 미세먼지와 황사 때문에 온통 잿빛이다. 중국에 수출을 많이 하는 것이 마냥 좋기만 할까? 최근 들어 중국이 급성장하면서 우리 기업이 많이 쫓겨나고 있는 사실을 우리는 어떻게 받아들여야 할까? 중국이 성장을 거듭하면 할수록 우리나라 사람들은 대기 중에 퍼진 산업폐기물을 저절로 마시게 된다. 이런 백두대간 자락이 잿빛일 정도면 얼마나 대기가 좋지 않을까 생각하며 씁쓸한 라이딩을 계속한다.

다운힐이 끝나는 지점인 두건 삼거리에서부터 우회전을 하면 이제 무룡고개까지 16km가 넘는 거리를 업힐 해야 된다. 물론 중간 중간 경사가 거의 없는 구간도 많지만, 그래도 무조건 오르막을 올라가야 된다. 도중에 멋진 곳이 있으면 자주 쉬는 게 페이스 조절에 좋다.

나는 두건 삼거리에서 무룡고개까지를 크게 두 구간으로 나누고 싶은데, 두건 삼거리에서 지지터널까지 11km가 조금 더 되는 구간은 경사가 상대적으로 비교적 완만하고 왼편으로 동화호를 끼고 달리는 기분도 상쾌하리라 생각한다. 개인적으로는 도중에 번암초등학교 동화분교장이 너

이런 곳에서 뛰어 노는 아이들의 실제 모습을 보고 싶다.

무나 정겨운데, 내가 처음 백두대간 종주를 할 때 '나도 할 수만 있다면 이런 곳에서 어린 아이들을 가르치고 싶다'는 생각을 했기 때문이다. 당연히 중간에 라이딩을 멈추고 입구에서 기념사진을 찍었다.

내 나이 올해 56세인데, 정확하게 1967년에 나는 (그 당시 명칭으로) 경주시 화랑국민학교 1학년에 입학했다. 그로부터 50년이 지난 오늘, 번암초등학교 동화분교장의 1학년 아이들의 모습을 통해 나의 모습을 오버랩시켜보고 싶었다. 하지만 아이들의 모습은 보이지 않는다. 대부분 노인들만 사는 곳인 시골에서 아이들을 어찌 쉽게 만날 수 있을 것인가? 교과서만 파고드는 게 공부의 전부는 아닌데, 오로지 수능시험에만 목표를 두고 이루어지고 있는 초·중·고 교육이 잘못된 걸 알면서도 그 방식을 혁명적으로 개선하지 못하는 우리 기성세대의 책임으로 아이들은 입시의 노예가 된 지 오래이다. 나의 의식이라도 바꾸어보자는 생각을 하며 나는 라이딩을 계속했다.

지지터널을 지나면 이제부터 힘든 업힐이 기다리고 있다고 봐야 한다. 개인적 경험으로는 처음 라이딩할 때 맛본 전북 장계 쪽에서 올라오는 코스가 더 편했다. 지지터널에서 무룡고개까지 6km가 채 되지 않지만, 아무리 경사가 완만하다고 하더라도 이미 11km

'지지터널'이라는 이름이 내 마음에는 들지 않는다.

정도를 업힐했기 때문에, 남은 거리가 결코 만만하지가 않다. 그것보다 더 문제인 것은 올라갈수록 경사도가 더 세지기 때문이다.

이 구간을 내려올 때의 기억이 희미해진 가운데 이번에는 올라가려고 하니까 너무나 힘들었다. 게다가 초반에 7~8%이던 경사도가 무룡고개에 가까워질수록 15%를 넘어서기도 한다. 며칠 전 지리산 라이딩할 때는 MTB를 타고 갔지만, 이번에는 로드105를 타고 갔는데, 체인링을 이너 34T에 걸고 스프라켓 2단 25T에서 1단 28T로 변속하는데 넘어가지를

복성이재~무룡고개 구간

않는다. 세팅이 잘못된 것이었다. MTB는 작은 체인링이 26T이고 스프라켓은 제일 큰 게 36T이기 때문에 올라가지 못할 고개가 없지만, 이번 경우 로드 사이클을 타고는 2단에서 1단으로 변속마저 되지 않아서 무척 힘이 든다.

내가 나이가 들어서일까, 아니면 평소에 술을 자주 마셔서일까? 어쨌건 스프라켓 변속에 문제가 있는 게 분명하지만 나는 이런 걸 긴급 정비할 정도의 실력을 갖추고 있지는 못하다. 어쩔 수 없이 중간에 잠시 끌바를 했다. 2015년에 육십령에서 반대 코스로 넘어 올 때 MTB를 타고 넘었는데, 그 때는 '끌바'를 하지 않고 어렵지 않게 넘었지만 이번에는 다르다. 다음에는 장계에서 출발해서 이 구간을 다시 넘을 거라고 다시 다짐하며 끌바를 잠시 했다. 그렇게 해서 고개의 정상에 도착했지만 아무런 표지가 없다. 그저 동물 이동 통로를 위해 만들어 둔 터널뿐이다. 내가 알고 있는 한 무룡고개의 해발고도는 933m이다. 두견 삼거리에서 출발해서 685m를 올라왔다. 급경사니까 조심하라는 표지판을 배경으로 사진만 찍는다.

이제 다음 구간은 무룡고개에서 육십령까지 15km 남짓한 구간이다. 그 전에 약 10km 구간은 내리막이다. 무룡고개를 출발해서 5.5km를 다운힐하면 의암 주논개 생가지가 나오는데, 나는 여기서 점심 식사를 했다. 사람들은 '논개'라고 하면 아마 촉석루를 제일 먼저 떠올릴 것이다. 그런데 논개의 성이 주씨이며 고향은 전북 장수군 장계면이라는 사실을 모르는 사람이 많을 것이다. 나는 모르고 있었다. 라이딩을 하면서 전국을 다니다보니까 비로소 알게 된 것도 많은데 논개의 생가지도 그렇게 알게 된 것이다.

무룡고개에서 곧바로 육십령으로 라이딩을 할 사람이라면 여기서 식사하기를 권한다. 여기가 특별히 저렴하다거나 맛있어서 그런 건 아니다.

논개 생가지에 만들어 둔 유적지

백두대간 종주 라이딩 로드맵

여기서 식사를 하지 않고 그냥 달리다보면 자신도 모르는 사이 육십령으로 향하고 있을 가능성이 99%이고, 그러면 적어도 육십령휴게소에 도착할 때까지는 식당을 찾아볼 수 없기 때문이다. 그래서 나도 여기서 식사를 했다. 식사를 하고 다시 출발해서 다운힐을 하다보면 장계 수상레져타운이 있는 대곡호를 지나서 이정표를 따라 우회전 하여 거창, 안의 방면으로 육십령을 넘게 된다.

점심을 먹긴 했지만 나는 이미 지친 상태였다. 주논개 생가지를 내려오면 오동 삼거리가 나오는데 여기서부터 육십령까지 5km 정도 거리이다. 절반쯤 올라는데 너무나 힘들었다. 경사도 12% 정도가 가끔 있기는 했지만, 그 정도로 힘들 줄은 몰랐다. 가다 쉬기를 반복하면서 그야말로 억지로 올라갔다. 마침내 세 번째 마주하는 육십령(734m) 표지판이 눈앞에 있었다.

이 구간은 일반차량이 많지는 않지만 건설 차량인 덤프트럭이 많이 다녔다. 나는 평소에 도로 라이딩을 할 때면 반사조끼를 반드시 입고 다니기 때문에, 대형차량 운전자들이 일부러 위협 운전을 한다는 느낌을 받은 적이 거의 없다. 내가 반사조끼를 입고 다니는 만큼 그들도 충분히 이해해준다는 생각을 늘 하고 있었다. 이 날도 마찬가지였다.

그렇게 육십령휴게소에 도착했는데, 휴게소는 문을 닫았다. 아마 월요일에는 쉬는 것 같았다. 전북 장계 쪽 육십령을 지나서 경남 함양 쪽 육십

장계 수상레져타운 대곡호

령 표지석으로 가니까 등산객 세 사람이 있다. 그들은 휴게소와 가게가 문을 닫아서 막걸리를 못 마신다는 사실에 무척 서운해 하고 있었다. 사실 나도 맥주 한 캔은 마시고 싶었는데 서운하긴 마찬가지였다.

그렇지만 이제는 거의 내리막길이라는 점이 나를 위로해주고 있었다. 육십령에서 거창시외버스터미널까지 남은 거리는 대략 40km. 40km의 다운힐, 생각만 해도 짜릿하지 않을까? 나는 태백산 화방재에서 영월 김삿갓면으로 라이딩할 때 비슷한 거리의 다운힐 맛을 본 적이 있다. 해보지 않으면 그 누구도 모른다. 알기 위해서는 무조건 해보는 수밖에 없다. 백문이 불여일견이라고 자신이 직접 체험하는 것과 간접 체험은 비교의 대상이 아니다. 간접 체험은 머릿속에서 상상력을 동원하여 그저 그려보는 것이지만, 직접 체험은 몸이 먼저 느낀다. 머리는 몸이 느낀 것을 저절로 기억하게 된다.

표지석과 달리 고도가 698m로 되어 있다.

그런데 육십령에서 거창시외버스터미널까지 끝없는 다운힐만 이어질 줄 알았던 내 생각은 예상을 빗나가버렸다. 함양군 안의면을 지나서 거창으로 향하자마자 완만하지만 오르막이 계속되었다. 어쩌겠는가, 무조건 달려야지. 그러다보니 생각하지 못한 새로운 길과 더불어 짧은 터널도 두 개를 통과하면서 39km가 넘는 거리를 평속 29km 이상으로 달려보기도 했다. 거의 내리막이라서 별 의미는 없지만 그래도 기록은 남는 것이기 때문에 페달을 돌리는 다리의 근육이 더욱 꿈틀거렸다.

거창을 출발하여 대구서부시외버스터미널에는 도착한 시각은 오후 5시경. 나는 평소 회를 참 좋아하는데 무조건 회를 먹을 생각이었다. 그런데 평일이라서 지하철에 자전거를 실을 수가 없는 까닭으로 집 근처까지

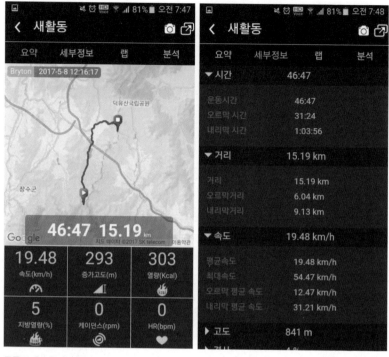

무릉고개~육십령 구간

무릉고개~육십령 구간 지도와 세부분석표

또 자전거를 타고 가야 했다. 마침내 집이 있는 대구KBS방송국 근처 횟집
에서 혼자 참가자미 회를 주문하고 소주를 곁들이면서 오늘 라이딩한 길
을 되짚어보았다.

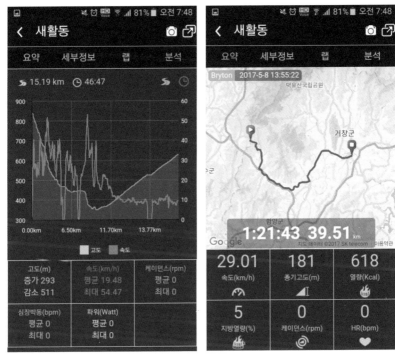

무릉고개~육십령 구간 고도표

육십령~거창터미널 구간 지도

03 세 번째 구간

거리 123km | 획득고도 1,749m

거창시외버스터미널 ▶ 빼재(930m) ▶ 오두재(930m) ▶ 덕산재(644m) ▶ 대구 지하철 문양역

2017년 5월 20일 토요일 아침 6시 10분경, 주말을 만끽하느라고 아직 꿈속을 헤매고 있는 가족이 행여 깰세라 조용히 자전거를 끌고 집을 나섰다. 식구들은 주말이면 늦잠을 자지만 나는 거의 주말만 이용하여 라이딩을 하기 때문에 오히려 다른 요일보다는 훨씬 일찍 일어나는 편이다. 집 가까이에 있는 대구 지하철 2호선을 타고 반월당역에서 1호선으로 환승하여 대구서부시외버스터미널에 도착하여 거창행 버스 승차권을 구입했다.

매표원 아주머니와 서로 얼굴을 익힌 지 오래라서 반갑게 인사를 나눴다. 아주머니가 오늘은 먼저 "전주 가세요?" 하고 묻는다. 나는 "아뇨, 거창 갑니다" 하고 정겹게 답했다. 장거리 시외 라이딩의 대부분을 버스를 이용해서 다니는 나는 가끔 낯익은 매표원과 인사를 나눈다. 그중에 대구서부시외버스터미널에서 근무하는 매표원의 친절함에 고마워서 내가 먼저 고마움을 표시한 이후로 반갑게 인사를 나누는 사이가 됐다.

대구서부시외버스터미널은 북부시외버스터미널과 함께 내가 제일 자주 이용하는 시외버스터미널이다. 이달만 하더라도 5월 3일과 8일 그리고 20일까지 순전히 라이딩을 위해서만 벌써 세 번째 이용하는 것이니 매표원인들 어찌 얼굴을 기억하지 못하겠는가? 아니, 얼굴을 기억하지 못하더라도 나는 항상 누구에게나 먼저 인사를 하는 편이다. 그러다보면 얼굴은 자연스럽게 익혀지게 된다. 인사하는 사람에게 더 친절하게 할 것은 당연하지 않겠는가?

이렇게 인사를 나누고 나는 7시 14분발 버스에 자전거를 실은 후 버스에 올랐다. 거창터미널에는 8시 10분경에 도착했다. 왕복 2차선으로 중앙분리봉조차 없는 구간도 있어서 사고가 빈발하기로 악명 높던 88고속도로가 왕복 4차선으로 확장되고 광주-대구고속도로로 개명된 이후 운행 시간이 많이 단축되었다. 아침을 먹지 않았기 때문에 터미널 근처의 마트를 찾아서 빵과 이온음료를 사서 간단하게 요기를 한 후 본격적으로 라이딩을 시작한다.

이번 라이딩 코스는 거창시외버스터미널~빼재(수령/신풍령 930m)~오두재(930m)~덕산재(644m)~대구 지하철 문양역까지 123km이다. 사실이 코스는 2년 전 2015년 8월 29일에 대구에서 출발해서 거창시외버스 터미널까지 달린 적이 있는데, 그때와는 정반대 코스이다. 그뿐만 아니라 빼재와 덕산재는 이미 두 번 라이딩한 곳이기도 하다.

첫 번째는 2015년 3월 말 백두대간 라이딩의 첫발을 내딛는 날이었다. 사실 2014년 여름에 성삼재와 정령치 라이딩을 했는데, 그때만 하더라도 백두대간 종주 라이딩을 하리라고 생각하지는 않았다. 그러다가 2015년 봄이 되면서 백두대간 종주 라이딩을 계획했기 때문에, 이미 달린 지리산을 제외하고 종주를 시작한 것이었다. 물론 종주를 완성한 기념으로 그해 여름 다시 성삼재와 정령치 라이딩을 했다. 이 때문에 이 날은 일단 지리산을 제외하고, 함양시외버스터미널에서 출발하여 빼빼재(후해령, 820ｍ) ~육십령(734m) ~월성재(892m) ~빼재(930m)를 돌아서 거창시외버스터미널까지 라이딩한 것이었다.

두 번째는 백두대간 종주 라이딩을 완성한 후 2015년 8월 29일에 대구 지하철 문양역에서 출발하여 성주를 거쳐 덕산재를 넘고 오두재와 빼재를 넘어서 거창터미널까지 123km 라이딩을 했을 때이다. 그 당시의 라이딩 목적은 거창에 계시는 카카오스토리 친구를 만나기 위한 것이었다. 이미 오래 전부터 많은 사람이 SNS 활동을 하고 있듯이 나 또한 몇 가지 SNS 활동을 하고 있지만, 주제는 언제나 자전거 라이딩으로 국한하고 있다. 개인적으로 이것저것 잡동사니처럼 다루다 보면 나 자신이 혼란해지고, 나중에는 도대체 내가 뭘 하고 있는 거지 하는 생각이 들 것 같아서 핵심 주제를 자전거 라이딩으로만 정해두고 있다. 그렇게 SNS를 통해서 서로의 관심사를 주제로 소통을 하던 중 라이딩 인연과 닿아서 만나기로 한 것이다. 라이딩으로 맺어진 인연인 만큼 직접 자전거를 타고 가서 만나고 싶었다. 결국 대구에서 자전거를 타고 거창으로 향했으며, 거창에 계신 분은 나를 마중 나오는 형식으로 빼재 이전의 오두재에서 만났던 것이다. 거창에 계신 분뿐만 아니라 SNS 활동으로 인연을 맺게 된 몇몇 분을 라이딩을 통해서 만난 적이 있는데, 인천에서, 의왕에서, 강릉에서, 부산에서 그리고 남원에서도 반가운 만남의 시간을 가졌다.

처음도 두 번째도 모두 동료 한 분과 함께한 라이딩이었는데, 올해 나는 혼자서 백두대간 종주 라이딩을 계획하여 시작했기 때문에, 이번에 다시 라이딩을 함으로써 세 번째 달리게 된다. 라이딩은 여럿이 함께 하는 것과 혼자 하는 것 모두 장단점이 있다. 이번에는 솔로 라이딩의 장점만을 생각하며 달리기로 마음먹었다.

이제 출발이다. 거창시외버스터미널을 출발해서 김천, 무주 방면 이정표를 따라 가면 되기 때문에 길을 잘못 들어서 헤맬 일은 없다. 그렇게 17km 정도를 가면 무주, 설천 방면과 무풍 방면으로 나누어지는 완대 삼거리가 나오는데, 무주, 설천 방면 왼쪽으로 가기만 하면 된다. 오른쪽 무풍 방면으로 가면 소사마을을 지나게 된다. 그리고 잠시 가면 곧바로 금계

도로가 내려다 보인다는 것은 오르막을 계속 올라간다는 것을 증명해준다.

교를 지나게 되는데, 여기서부터 빼재까지 본격적인 업힐이 시작된다. 사실 거창시외버스터미널에서 금계교까지 17km 정도의 구간도 미약하지만 오르막을 계속 올라가는 길이다. 그러다가 금계교를 지나면서 경사가 조금씩 가팔라지면서 막바지에는 12%의 경사도를 보이는 곳도 있다.

나는 로드 사이클과 MTB를 번갈아가면서 라이딩을 하는데, 이번에는 MTB를 타고 라이딩을 했다. 로드에 비해서 상대적으로 스프라켓이 더 크다보니까 가파른 경사길을 올라갈 때 좀 더 쉽다. 자전거는 상대적으로 더 무겁지만, 그래도 더 쉬운 업힐을 하고 싶은 욕망 때문에, 경사가 심한 곳을 라이딩할 때는 거의 MTB를 이용한다. 적어도 자전거에서 내려서 끌고 가고 싶지는 않기 때문이다.

금계교에서 빼재까지 남은 거리는 10km. 마음을 급하게 먹으면 안 된다. 나이도 있고, 여러 고개를 넘고 넘어 123km를 달리려면 체력안배도 잘해야 한다. 빼재로 올라가는 길 왼편에는 덕유산수련원이 산 중턱에 자리 잡고 있다. 10년도 더 된 지난날, 학교 세미나를 덕유산수련원에서 한 적이 있는데, 그때만 해도 나는 자전거에 전혀 관심이 없던 터라 자동차로 올랐다. 자동차로 오르면 자전거로 오르는 것보다 경사가 훨씬 심하게 느껴진다. 그 이유를 분석해본 적은 없지만, 자전거로 오르면 더 완만하고 쉽게 느껴지는 것은 무엇 때문일까?

덕유산수련원이 보이는 곳 이전에 신기 교차로라는 삼거리가 나오는데, 왼쪽으로 가면 거창군 북상면 월성재를 넘어서 육십령으로 향하는 길이다. 여기서부터 빼재까지는 4km가 조금 안 된다. 경사도 10%가 넘지는 않기 때문에 그리 힘들지는 않다. 몇 번의 헤어핀을 돌아서 오르다보면 어느새 빼재터널이 보인다.

빼재터널 입구에 오른쪽으로 난 길이 있는데 바로 빼재로 가는 옛길이다. 빼재터널의 고도가 780m이고 빼재는 930m이니까 높이로 150m를 더 올라가야 한다. 역시 2km 거리에 150m를 올라가는 것이니 그다지 힘든 구간은 아니다. 도중에 못 보던 건물이 하나 생겼다. 백두대간 생태교육장이다. 어떤 교육을 하는지, 숙식을 제공하는 곳에 불과한지, 들어가

보지 않았으니 알 길이 없다.

마침내 세 번째로 빼재(930m)에 올랐다. 무주와 거창의 갈림길이기도 하고 삼봉산과 대덕산, 덕유산의 교차점이기도 하다. 빼재는 수령秀嶺이라고도 하고 신풍령이라고도 한다. 옆에 정자를 만들어두었는데, 요즘 같은 계절에는 업힐하느라고 힘든 몸을 뉘어서 쉬기에 딱 좋다. 마침 정자에는 밭에 일을 하러 왔다가 참을 먹고 있는 농부네 분이 계셨는데, 막걸리 한 잔을 권하

여기서부터 약 2km를 올라가면 빼재 정상이다.

신다. 고맙게 받아 마시고 풋고추를 된장에 찍어서 맛나게 먹었다. 담배도 한 대 피우고 싶지만 덕유산이 국립공원인데다가 요즘 산불이 많이 발생하고 있어서 안전한 곳에 가서 피우자 생각하고 다시 페달을 돌린다. 다음에 넘어야 할 고개는 오두재(930m)이다.

오두재는 빼재를 거쳐서 가면 이미 많이 올라왔기 때문에 별것 아니지만, 무풍면에서 올라가면 정말 힘든 코스이다. 가파른 구간은 경사도가 예사로 16%를 넘어서고 최고 경사도는 18%가 넘는다. 백두대간 종주길에 넘어야 하는 고개가 약 60개쯤 되는데, 조침령, 주실령, 마구령과 함께 오

빼재 표지석 맞은편에 있는 경계석

빼재 표지석. "수령"은 빼재의 다른 이름이다.

두재는 악명 높은 고개에 속할 정도이다. 그 길을 오늘 나는 반대로 가고 있으니 얼마나 수월한지 모르겠다. 물론 빼재에서 다운힐을 한 후에 다시 오두재로 올라가는 것이기는 하지만, 그래도 다운힐은 조금만 하면 된다. 그리고는 다시 오두재에 오르면 되는 것이다.

오두재도 빼재만큼이나 높다. 나는 정확한 높이를 알고 싶어서 검색을 많이 해봤지만, 결국 답을 찾지는 못하고 마지막으로 네이버 지도에 나오는 등고선을 보고 높이가 930m쯤 된다는 것을 알았다. 이런 곳은 업힐만 힘든 게 아니라 다운힐도 무섭다. 라이딩을 많이 해본 사람이라면 충분히 알겠지만, 경사도 18%가 넘는 곳, 특히 커브 길에서는 브레이킹을 더욱 조심해야 되기 때문이다. 그리고 작은 사고는 대부분 다운힐에서 발생한다. 그래서 긴장이 최고조에 달한다.

빼재에서 오두재를 넘어 덕산재까지의 거리는 약 20km이다. 그리고 오두재에서 무풍 사거리까지 7km 이상 계속해서 다운힐만 하면 되는 구간이다. 무풍 사거리에서 우회전하면 서서히 업힐이 시작되는데 거리는 7km가 조금 안 된다. 무풍 사거리를 지나 얼마 가지 않으면 무풍터널이 있는데, 차량 통행이 거의 없기 때문에 후미등과 전조등을 비롯해서 안전 조치를 하고 지나면 큰 문제는 없다. 나는 전국을 라이딩의 무대로 삼기 때문에 평소 후미등을 3개 이상씩 장착하고 다닌다. 모르는 지역을 다니면서 터널을 비롯해서 언제 어떤 상황을 만나게 될지 알 수 없기 때문에

오두재에서 내려다 보이는 과수원　　　　무풍 사거리에서 덕산재 가는 도중에 있는 무풍터널

나름대로 안전 장비를 장착하고 다니는 것이다. 안전 반사조끼를 착용하는 것도 나에게는 당연한 일이다.

　덕산재로 가는 업힐도 그다지 힘들지는 않다. 경사가 가파르지는 않기 때문이다. 차량 통행도 거의 없다. 단 한 명의 라이더도 만나지 못했다. 이런 길을 혼자서 라이딩하는 모습은 상상만으로도 설렌다. 그 설렘을 갖고 오르다보니 덕산재(644m) 표지석이 눈앞에 있다. 혼자 인증샷을 남기고 담배를 한 대 피운다. 이제 대덕으로 다운힐하고는 점심을 먹을 생각이다. 일단 점심을 먹을 때까지는 다운힐만 하면 된다는 생각이 나를 느긋하게 만들어준다.

　덕산재에서 대덕면사무소 근처 대덕 삼거리까지 8km 정도는 다운힐의

연속이다. 그렇지만 오두재에서의 다운힐
과 비교하면 경사가 상대적으로 훨씬 완
만해서 위험성도 적고 시야도 트여 있어
서 시원하게 내려온다. 그렇게 다운힐을
한 후 대덕 삼거리 근처 어느 식당에 들어
가서 점심을 먹었다. 아침을 빵으로 때웠
으니 점심은 꼭 먹어야 된다. 아직 70km
이상을 더 달려야 오늘의 목적지에 도착
하는데, 배를 든든하게 해두지 않으면 남
은 거리가 힘들 수밖에 없지 않은가.

덕산재 표지석

잔치국수를 먹고 싶었으나 밥 이외에는
콩국수만 된단다. 어쩔 수 없이 콩국수를 주문하여 먹는데, 콩국물을 다
마시지는 못하겠다. 혹시라도 도중에 뒤가 마려운 소식이 올까봐 걱정되
어서이다. 식사를 마친 후 인근 마트에서 이온음료를 보충하고 곧장 대구,
성주 방면으로 달리기 시작한다.

김천 대덕면에서 김천 증산면으로 가는 길인데 도중에 또 고개가 있다.
고개 이름은 모르지만, 높이가 500m가 넘는다. 점심 식사 후 약간의 휴식
도 없이 바로 출발해서 그런지 무척 힘이 든다. 이전의 높은 고개들을 잘
넘어왔는데, 어찌 그리 힘들었을까? 그래도 고개를 넘어서면 또 내리막이

성주호의 풍광

있으니, 그 생각으로 힘들게 페달을 돌린다. 그렇게 힘들게 고개를 넘어서고 나면 대가천을 따라 성주호까지는 완만하지만 내리막이 이어진다.

성주호반을 따라 달리면, 모든 호반이 그러하듯, 다시 또 오르막과 내리막이 길든 짧든 반복된다. 낙타등이라고 표현할 정도는 아니지만 이미 지친 육체에는 약간의 경사를 보이는 오르막도 힘이 든다. 힘이 든다고 해서 달리지 못할 정도는 아니다. 빨리 달릴 생각을 하지 않고 자주 쉬면서 천천히 페달을 돌리면 자전거는 무조건 앞으로 나가게 되어 있다.

그렇게 쉼 없이 페달을 돌리다보니 어느새 성주 읍내를 통과하여 33번 국도를 타고 대구로 향하고 있다. 성주읍을 지나면서 차량이 무척 많아졌다. 성주가 대구에서 가깝다보니 대구에서 성주까지 출퇴근하는 사람도 많은데, 토요일이긴 하더라도 출근했다 퇴근하는 사람도 있을 테고 주말을 이용해서 나들이 하는 사람도 많기 때문이 아닐까 생각해본다.

이제 성주대교만 지나면 낙동강 자전거길과 연결된다. 일반도로보다는 차량 통행이 전혀 없는 자전거길이 라이딩하기에는 당연히 제일 마음 편하다. 하지만 너무 많이, 자주 다니다 보니 식상하기도 하고 그래서 지겹기도 하다. 그렇지만 성주대교 아래에서 9km만 가면 지하철 문양역이 있으니 다 왔다는 생각에 모든 게 편안해진다.

성주대교 아래에서 잠시 휴식을 취하고 자전거길을 따라 달리던 도중 문산 정수장을 눈앞에 둔 지점에서 고등학생이 자전거를 눕혀놓고 낑낑대고 있었다. 라이딩을 멈추고 무슨 일인지 물어보니 로드 자전거인데 펑크가 났단다. 나는 다 온 것이나 마찬가지이니 그냥 갈 수는 없지 않은가. 휠을 분리하고 튜브를 빼내보니 펑크가 두 군데나 나 있었다. 학생이라 비상패치도 휴대하지 않았기 때문에, 내가 휴대하고 다니는 패치로 수리를 한 다음 바람을 넣었다. 그런데 어딘가 또 바람이 새고 있는 게 아닌가?

다시 튜브를 분리해서 또 펑크를 때우고 바람을 넣는데, 어딘가에서 또 바람이 새고 있었다. 우리는 30분 넘게 씨름을 했지만 포기했다. 학생은 부모님께 전화를 했고, 나는 문양역을 향해 갈 수밖에 없었다. 온전하게 고쳐줬더라면 좋았을 텐데, 나도 나름대로 최선을 다했지만 고치지 못했

거창터미널~빼재~오두재~덕산재~대구지하철 문양역 123km

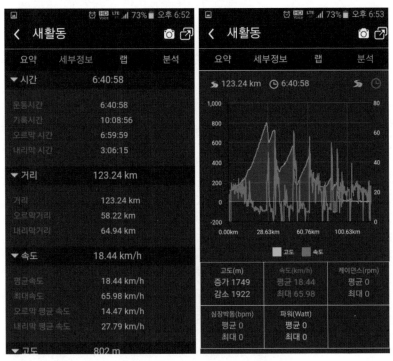

분석표상의 고도에 130m 정도를 더해서 봐야 실제 해발고도와 비슷하다.

백두대간 종주 라이딩 로드맵

으니 어쩌겠는가? 이 기회를 통해 학생도 많이 배웠으리라 생각한다.

문양역에 도착하니 달린 거리는 123km, 평속은 18km가 조금 넘었다. 획득고도는 1,749m. 빼재, 오두재, 덕산재를 비롯해서 높고 낮은 고개 6개를 넘는 라이딩이었다.

브라이튼530의 해발고도 표시가 기압에 따라 일정하게 정확하지 않아서 그때마다 늘 새로이 설정해줘야 하는데 이건 귀찮아서 포기했다. 그러다 보니 브라이튼 분석표상의 해발고도의 표시는 정확하지 않다. 이번에는 브라이튼과 실제 고도의 차이가 약 130m나 된다. 분석표상의 고도에 130m를 더해서 보면 고도 표시가 정확할 것이다.

다음 번 백두대간 라이딩은 거창 또는 김천을 출발하여 소사마을~부항령~우두령~괘방령을 넘는 구간으로 예정하고 있다.

04 네 번째 구간

거리 107km | 획득고도 1,703m

거창시외버스터미널 ▶ 소사고개(685m) ▶ 부항령(660m) ▶
안간재(마산령, 680m) ▶ 우두령(720m) ▶ 괘방령(300m) ▶ 김천공용버스터미널

5월 27일 토요일에는 재직 중인 계명대학교에서 하루 종일 전국 대학생 토론대회가 열렸다. 나는 심사위원이기 때문에 하는 수 없이 28일 일요일로 라이딩 계획을 하루 미뤘다. 전날 저녁 심사 뒤풀이로 소주 한 병정도를 마시고 밤 10시쯤 귀가하여 다음날 라이딩 준비를 대충하고 잠자리에 들었다. 술을 좋아하기는 하지만 보통 라이딩 전날에는 음주를 삼가거나 절제하는 편인데, 이날은 소주 한 병 정도를 마셔서 조금 걱정이 되었다.

일요일 새벽 5시경에 일어나서 준비를 마저 마치고 집을 나서 지하철로 대구서부시외버스터미널까지 이동하여 친절한 매표원을 만나 반갑게 인사를 나누고 7시 14분발 거창행 버스 승차권을 구입했다. 5월 들어서만

라이딩 때문에 거창시외버스터미널에 세 번째 가는 것이다. 첫 번째는 5월 8일 대구에서 함양행 버스를 타고 함양시외버스터미널에서 출발하여 백두대간 복성이재, 무룡고개, 육십령을 넘고 거창까지 라이딩하여 거창시외버스터미널에서 버스를 타고 대구로 왔을 때이다. 두 번째는 5월 20

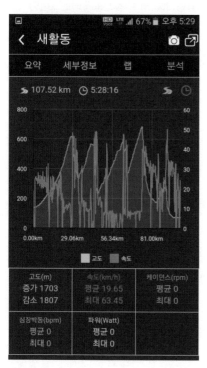

일 대구에서 거창으로 버스를 타고 가서 거창시외버스터미널에서 출발하여 빼재, 오두재, 덕산재를 넘어 성주를 거쳐 대구까지 라이딩한 것이다. 그리고 5월 28일에는 다시 대구에서 거창시외버스터미널까지 버스를 타고 가서 백두대간 솔로 라이딩 네 번째 구간을 달리고 김천시외버스터미널에서 대구행 버스를 탔다.

이렇게 장거리 시외 라이딩을 한다고 한 지역에 한 달에 세 번씩이나 가서 버스를 타는 일도 흔치 않은 일이리라. 대부분 주말을 이용하고 그것도 최대한 당일로 라이딩을 끝낸 후 잠은 집에서 자려고 하기 때문에

왼쪽에서 세 번째가 안간재이며 그 높이를 알 수 있다.

백두대간 종주 라이딩 로드맵

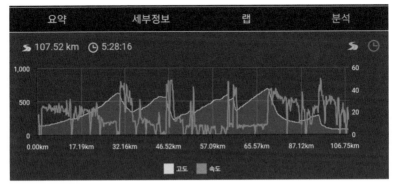

| 요약 | 세부정보 | 랩 | 분석 |

🔁 107.52 km 🕐 5:28:16

앞의 분석표를 옆으로 길게 늘여놓은 모습

생기는 현상이다. 당일 라이딩을 계획할 때 제일 큰 문제는 이동하는 데 시간을 너무 많이 허비한다는 사실이다. 집에서 멀어질수록 그 시간은 늘어날 수밖에 없고, 내가 살고 있는 대구에서 강원도 쪽으로 올라가면 갈수록 이동하는 버스 안에서 허비하는 시간은 더욱 길어진다. 이번이 두 번째 백두대간 종주 라이딩이지만, 첫 번째와 마찬가지로 강원도 쪽은 원치 않는 외박을 할 계획이다.

이번 라이딩의 총거리는 107km이고 획득고도는 1,703m인데, 세부 분석표를 보니까 부항령과 우두령 사이에 부항령보다 더 높은 안간재(마산령)가 더 있다. 안간재는 김천시 부항면 안간리에 있는 고개인데, 지도의 등고선을 보니까 고도가 680m 정도이다. 세 번째 고개가 안간재(마산령, 680m)인데, 본격적인 업힐 지점에서 정상까지 평균 경사도가 10% 이상이라서 상당히 힘들었다. 브라이튼 530의 해발고도는 정확하지가 않다.

거창시외버스터미널을 출발하여, 지난 20일과 마찬가지로, 가까운 마트에서 빵 두 개와 이온음료로 간단한 아침 요기를 하고 첫 번째 고개인 소사고개를 향해 달렸다. 거창시외버스터미널에서 소사고개까지는 약 28km인데 1089번 도로를 따라 무주 방면으로 달리기만 하면 된다. 도중에 무주, 설천 방면과 무풍 방면으로 가는 삼거리 갈래길이 나오는데, 여기까지의 거리는 약 18km이다. 여기서 무풍 방면으로 1089번 지방도를 따라 10km 정도를 달리면 소사고개가 있다. 그렇지 않고 왼쪽 37번 도로를 따라 무주, 설천 방면으로 달리면 금계교를 지나서 빼재(수령, 신풍령)가 나오며 빼재를 넘으면 얼마 안 가서 오두재를 넘게 된다.

이렇게 달리고 있는데 고제면사무소를 약 4km 앞둔 지점에서 갑자기 심장이 너무나 심하게 쿵쾅거리기 시작했다. 자전거를 멈추지 않을 수 없었다. 평소 심장질환이 있는 것도 아니고 정기적인 건장검진에서 이상을 발견한 것도 아닌데 도무지 모를 일이었다. 어쨌든 자전거를 길가에 세우고 주위를 둘러보니 제법 커다란 바위가 보여서, 바위에 몸을 눕혔다. 시각도 아침 9시경이라 날씨가 더운 것도 아니었다.

전날 전국 대학생 토론대회 심사를 마치고 뒤풀이를 하면서 소주 한 병 정도를 마시고 좀 더 대화를 나누다가 집에 도착한 시간이 밤 10시쯤이라서 무리가 되었는지도 모르겠다. 하여튼 바위에 누워서 30분 가까이 흘러도 별반 차도가 없었다. 심장 박동 때문에 온몸이 흔들리는 것 같았다. 앉았다 누웠다를 몇 번 반복하면서 119를 부르거나, 거창에 계신 카카오스토리 친구한테 전화를 할까 생각도 해보았다. 그렇게 다시 10분 정도 시간이 흐르면서 조금씩 진정되는 기미가 보였다. 심호흡도 해보고 하면서 조심스럽게 다시 페달을 돌리기 시작했다.

이번 라이딩 구간과 분석표

나는 본격적으로 라이딩을 하면서 오프라인뿐만 아니라 온라인상에서도 SNS를 통해서 여러 소중한 인연을 만났다. 시작한 지 아직 5개월 정도밖에 되지는 않았지만 블로그 이웃도 있고 자전거를 인연으로 맺어진 카카오스토리 친구도 여럿 있다. 특히 카카오스토리의 몇몇 친구들과는 오프라인상에서 직접 만나기도 하면서 인연을 이어가고 있다. 그 중에서 거창에 계시는 분이 있는데, 어제 통화를 하면서 오늘 라이딩 도중에 만나서 점심 식사를 함께 하기로 약속했다. 컨디션을 봐가면서 그분께 전화할 생각을 했던 것이다. 이미 그분과는 함께 세 번 라이딩을 한 적이 있기 때문에 그 인연의 깊이가 매우 깊다.

이런저런 생각을 하면서 달리는데, 문득 내가 이번에 달리는 구간 가운데 소사고개와 부항령 그리고 괘방령은 세 번째 넘게 되는구나 하는 생각이 들면서, 참으로 어찌 이다지도 업힐을 좋아할까 하는 생각으로 이어지자 웃음이 나왔다. 물론 우두령에는 두 번째 라이딩을 하는 것이다. 그렇기 때문에 길은 익숙하지만 달릴수록 점점 힘든 것은 아마도 나이가 들어가기 때문이리라.

40분가량 쉰 지점이 거창시외버스터미널에서 14km 지점이니 소사고개까지 딱 절반을 달린 셈이다. 다시 출발하여 14km를 달리면 소사고개를 넘게 된다. 빼재로 가는 길과 달리 이 구간은 경사가 완만하고 차량도 거의 없어서 라이딩하기에 정말 좋다. 주변은 탁 트여 있으며 거창의 특산물이 된 사과밭이 푸르름을 더해주어 라이딩의 즐거움은 배가 되는 길이다.

이런 환경을 보면 도로 업힐을 좋아하는 나 같은 스타일의 라이더에게는 거창이나 함양이 라이딩의 성지처럼 느껴지기도 한다. 주변에 지리산 성삼재, 정령치, 오도재, 지안재, 빼빼재, 육십령, 무룡고개, 복성이재, 월성재, 빼재, 오두재, 소사고개, 부항령, 덕산재 등 여기서 모두 나열하기가 힘들 정도로 많은 고개가 있으니 말이다. 그러니 백두대간 고개를 넘기 위해 거창에 온 것이 이번이 세 번째나 되지 않는가! 백두대간 고개를 넘기 위해서는 거창에 몇 번이고 오지 않으면 안 된다는 뜻이다.

해발 685m 지점에 위치한 소사고개와 소사마을은 백두대간 고개를 넘는다는 느낌이 들지 않을 정도로 경사가 완만하다. 고도가 높지 않다는 뜻이 절대 아니다. 다만 거창 쪽에서는 28km에 이르는 거리를 완만하게 서서히 올라왔기 때문일 것이고 무풍 쪽에서 올라가는 코스는 무풍의 해발고도가 이미 높은 이유 때문일 터이다.

그렇게 거창 쪽에서 소사고개를 넘어서면 바로 소사마을임을 알리는 예쁜 마을 표지석이 눈에 들어온다. 하지만 이곳에 처음 라이딩을 했을 때나 이번이나 할 것 없이 여전히 사람들의 모습을 보지 못했다. 전형적인 시골 모습인가? 어린 아이들은 고사하고 어른들도 논밭으로 일을 하러 나갔는지 자전거 타는 나그네는 사진만 찍은 후 약간의 쓸쓸함을 뒤로 하고 무풍 사거리를 향해 10km 내리막길을 달려 내려간다.

거울 속에 보이는 소사고개

소사마을 표지석과 입구의 생태통로

10km 거리의 제법 긴 다운힐을 하지만 나는 업힐에 이어지는 다운힐의 짜릿함을 맛보려고 업힐을 즐기는 편은 아니다. 경사가 급하건 완만하건 간에, 오르막 거리가 길건 짧건 간에 결국 오르고자 하는 고개 정상에 올랐을 때의 느낌을 즐기기 위해서 나는 스스로를 업힐러라고 부른다. 다른 사람과 경쟁하는 게 아니라 나 자신과의 싸움을 즐기는 것이다. 그래서 끝바를 한 곳이라면 다시 도전하는 편이다. 이런 생각을 하면 다운힐은 무척 조심스러워진다. 다운힐은 내 힘으로 내려가는 게 아니라 중력이 이끄는 대로 몸과 자전거를 맡기는 것이기 때문에 신나기는 하지만 큰 보람은 느끼지 못한다. 물론 힘든 업힐에 대한 보상이라고 생각하기는 한다.

무풍 사거리에 도착해서 우회전을 해서 약한 오르막을 조금 딜리면 무풍터널이 나온다. 부항령으로 가기 위해서는 터널을 지나자마자 삼거리에서 좌회전을 하여 살짝 내려갔다가 바로 우회전하여 올라가면 된다.

터널을 지나서 계속 오르막으로 직진하면 덕산재를 넘게 된다. 부항령으로 가는 삼거리에서 직진을 하면 무풍면사무소 방면이며 이곳에서 나는 잠시 라이딩을 멈추었다. 이 지점에 있는 식당에서 거창에 계시는 카카오스토리 친구이신 박성의 님을 만나기로 했기 때문이다.

쿵쾽거리는 심장 때문에 40분가량 시간을 허비했는데도 서로 약속한 시간보다 내가 10분 정도 일찍 도착했다. 곧 이어 박성의 님이 지인 한 분과 함께 도착하여 우리는 오랜만에 이야기꽃을 피우며 서로를 칭찬하기

부항령 660m

에 바빴다. 순전히 카카오스토리로 만나서 세 번이나 장거리 시외 라이딩을 함께 했으니 보통 인연이 아닌 것은 틀림없다.

우리는 갈비가 거의 통째로 들어간 갈비탕으로 식사를 하고는 다음에 동해안 자전거길을 함께 달리기로 약속하고 헤어졌다. 우리 둘은 각자가 따로 동해안 자전거길 인증센터가 생기기 전에 이미 통일전망대에서 해운대까지 동해안 종주를 끝마쳤지만, 인증도장은 당연히 찍지 못했다. 4대강 종주를 처음 시작할 때와는 달리, 전국을 라이딩 무대로 여기다보니 도장 찍는 것에 별 의미를 두지 않게 된 것이다.

이제 나는 부항령을 향해 업힐을 시작했다. 식사 후 제대로 쉬지도 않고 곧바로 하는 업힐이라 걱정이 좀 되기는 했지만 업힐 거리가 4km인데다가 이미 두 번 올라본 곳이라서 크게 걱정되지는 않았다. 경사도 그다지 급하지 않아서 중간 휴식 없이 논스톱으로 부항터널을 통과하였다.

제법 더운 날이었지만 터널 안은 시원했다. 부항령(660m) 표지석이 있는 김천 쪽 터널 끝부분에 한 무리의 라이더가 쉬고 있었다. 중년의 그들은 도마령을 넘어 왔다는데 정말 얼마나 힘들지 나는 알고도 남는다. 그렇게 인사말을 주고받은 후 기념 인증사진을 찍고 김천 지례 방면으로 다운힐을 시작했다.

부항령에서 지례초등학교 부항분교장까지 6km는 계속 내리막이 이어진다. 그러다가 좌회전을 해야 되는데, 이번 전체 라이딩 코스 중에 가장 힘든 구간이다. 680m 높이의 안간재(마산령)까지 8km 가까운 길이 대부분 10% 전후 또는 그 이상의 경사도를 가지고 있기 때문이다.

나는 개인적으로 업힐을 무척 좋아하지만, 그렇다고 해서 경사가 급한 곳을 좋아하지는 않는다. 나에게는 길지만 완만한 코스가 꼭 맞는다고 생각한다. 말하자면 나는 순간적으로 폭발적인 에너지를 뿜어낼 수 있는 체력의 소유자가 아니라 은근과 끈기를 가지고 지구력을 바탕으로 하는 라이더라고 스스로를 평가한다. 그렇다고 해서 앞에 펼쳐진 급경사의 오르막을 피해서는 안 되지 않는가?

가다가 쉬기를 몇 번이나 반복했는지 모르지만 끝내 안간재에 올랐다. 안간재에 올라보니 거기에도 한 무리의 라이더가 쉬고 있는 모습이 보였다. 같이 쉬고 싶었지만 젊은 청춘들이라서 그대로 우두령을 향해 내려갔다. 다운힐하는 도중, 나는 내려가는 중이지만 반대로 힘들게 업힐을 하거나 그보다 더 힘들어서 끌바를 하고 있는 라이더도 몇몇 보았는데, 그들은 안간재 정상에서 쉬고 있던 라이더들과 일행인 듯 했다.

안간재로 오르는 길은 어느 쪽이나 경사가 급하다. 진정한 라이더는 아무리 경사가 급해도 포기하지는 않으리라. 더욱 조심해서 다운힐을 하다 보니 어느새 우두령으로 올라가는 삼거리가 나온다. 이제 5km 정도만 올라가면 되는데 다행히 경사가 6~7% 정도로 상대적으로 완만하다. 시간적 여유도 있어서 도중에 시원하게 내려다보이는 풍광을 폰 카메라에 담기도 했다. 안간재에서는 너무 힘이 들어서 사진 찍을 생각조차 하지 못했다.

큰 힘 들이지 않고 오르다보니 김천과 영동을 나누는 황소상이 눈앞에 나타났다. 우두령이라는 같은 명칭의 고개가 거창군 웅양면에도 있는데 그곳은 임도가 함께 연결되어 있다. 하지만 백두대간 고개에는 포함되지 않는다. 국토의 70%가 산지인 우리나라이기에 높고 낮은 고개가 수도 없이 많다. 그러다보니 한자는 다를지 모르지만 한글로는 같은 명칭인 고개도 무척 많이 있다. 백두대간 우두령 표지석은 영동군 상촌면 흥덕리에 있다. 말하자면 백두대간 우두령은 충북 영동군 상촌면과 경북 김천시 구성면의 경계 지점이다.

아직 5월이 며칠 남아 있는데도 벌써 더위를 피해 이곳까지 와서 쉬는 사람들도 있다. 지구온난화는 우리나라의 기후도 변화시키고 있다. 겨울이 지나고 봄이 왔는가 싶으면 어느새 여름이 성큼 다가와 있는 게 그 증거이다. 우리는 스스로가 지구온난화의 주범임을 인식하고 물질문명의 발전에 대해 비판적으로 사고하여 삶의 태도를 바꾸어야 한다. 이런 인식

김천과 영동을 나누는 황소상

의 전환 없이는 얼마 지나지 않아서는 에어컨이 없으면 도저히 숨을 쉴 수 없는 여름을 맞이하게 되는지도 모를 일이다.

이런 생각을 하며 그들을 뒤로 하고 나는 괘방령으로 달렸다. 아니 사실은 달린 게 아니라 자전거가 저절로 굴러 내려갔다. 13km 정도는 그야말로 페달을 전혀 돌릴 필요도 없이 핸들 조향과 브레이킹만 조심해서 하면 된다. 그렇게 상촌 삼거리까지 다운힐 해서 가게를 찾았다. 하나로 마트가 보이기에 거기서 캔 맥주 하나와 이온음료, 아이스크림을 사서 맥주와 아이스크림을 먹고 기운을 차린다. 여기서 매곡 삼거리까지 5km 정도는 미미하긴 하지만 그래도 내리막이다. 다리 근육도 풀어줄 겸 페달링을 계속한다.

상촌 삼거리를 출발하여 매곡 삼거리에 이르러 우회전을 하면 괘방령으로 가는 길이다. 매곡 삼거리에서 괘방령까지 거리는 약 7.5km인데 약한 오르막이면서 약간의 업·다운힐이 섞여 있지만 힘들지는 않다. 괘방령(300m)에 도착해서도 만일 안내판이나 표지석이 없다면 모르고 지나칠 확률이 매우 높다.

이전에 두 번 라이딩했을 때는 백두대간 종주 등산객을 많이 봤는데 이번에는 아무도 없다. 그래서 편안하게 사진을 찍고 직지사 방향으로 달리기 시작한다. 괘방령에서 직지사 방향으로 내려가는 길은 매곡 삼거리에서 괘방령으로 가는 길보다 경사가 훨씬 가파르다. 김천 쪽이 그만큼 해발

괘방령 300m

고도가 더 낮다는 뜻이다. 그렇다고 못 올라갈 정도가 아니라 상대적으로 경사가 급하다는 말이다.

　괘방령에서 김천공용버스터미널까지 남은 거리는 14km. 주위의 차량을 잘 살피면서 편하게 라이딩을 하면 된다. 마음 같아서는 낙동강 칠곡보를 거쳐 대구까지 계속 라이딩을 하고 싶기도 했지만, 김천에서 대구까지 달려본 경험이 있기에 또 같은 코스를 라이딩하기에는 지겨울 거라는 생각이 더 컸다. 더구나 백두대간 종주 코스와는 무관한 일반도로를 차량과 함께 달리고 싶지도 않고 해서 결국 김천공용버스터미널에서 이번 종주 라이딩을 마무리 했다.

05 다섯 번째 구간

거리 96km | 획득고도 900m

김천역 경부선 ▶ **추풍령**(220m) ▶ **작점고개**(340m) ▶ **큰재**(320m) ▶ **개머리재**
(295m) ▶ **지기재**(260m) ▶ **신의터재**(280m) ▶ **화령**(320m) ▶ **화령공용버스정류장**

해마다 6월과 12월은 학기를 마감하는 기말 기간이라 이래저래 무척 바쁘다. 5월 28일 일요일에 백두대간 네 번째 구간 라이딩을 다녀온 후 다섯 번째 구간 라이딩은 20일이 지난 6월 17일이 되어서야 할 수 있었다. 그렇다고 매 주말마다 빠짐없이 하던 라이딩을 못 한 건 아니다. 잠시 백두대간 종주 라이딩을 중단하고 후배의 자전거길 인증 라이딩을 가이드 겸 함께 하였다.

작년에 친한 후배에게 동기를 부여해서 국토 종주 라이딩과 4대강 라이딩에 뛰어들게 했는데, 남한강과 북한강 자전거길 종주 라이딩을 완성하기로 한 것이다. 특히 그 후배의 자전거길 종주 라이딩에 길잡이 역할을 하면서 나도 함께 덩달아 세 번째로 국토 종주와 4대강, 그리고 오천 자전거길과 섬진강 자전거길 종주를 하게 된 셈이다.

그래서 6월 3~4일 1박 2일로 여주종합터미널을 출발점으로 남한강 자전거길을 따라 광나루 인증센터에서 인증을 하고 양수역 근처에서 숙박을 한 뒤 다음날 북한강 자전거길 신매대교 인증센터까지 달려서 인증을 하였다. 그 다음 주 토요일인 6월 10일에는 다시 대구에서 버스를 타고 여주로 가서 지난주와 마찬가지로 여주종합터미널을 출발점으로 남한강 자전거길을 따라 충주를 향해 달려서 충주댐 인증센터를 거쳐 충주공용 버스터미널까지 달림으로써 한강 구간 모든 인증센터의 도장을 찍었다.

비록 백두대간 종주 라이딩은 잠시 멈추었지만, 이렇게 주말마다 하는 라이딩을 중단하지는 않았다. 악천후가 아니라면 나는 주말 라이딩을 건너뛰지 않는다. 라이딩 자체도 나만의 페이스대로 꾸준하게 하듯이, 평일에 라이딩을 할 수 없는 여건상 매 주말마다 하는 라이딩도 나에게는 페이스가 그렇게 형성되어 있는 셈이다. 이런 마음으로 달리다보니 나는 영하 18도의 날씨 속에서도 대구 지하철 문양역에서 출발하여 성주를 거쳐 거창까지 90km 이상을 달려봤으며, 여름철 태풍 속에서도 집을 나서서 팔공산 한티재를 넘고 동산계곡 옆 도로 끝까지 올랐다가 다시 집까지 왕복 90km의 거리에 획득고도 1,500m 이상을 기록해본 적이 있다.

이런 라이딩은 분명 무모하다는 것을 나는 알고 있다. 하지만 이런저런 여건을 모두 따진다면 일 년 중에 라이딩할 수 있는 날이 며칠이나 될까? 더구나 평일에는 라이딩을 거의 할 수가 없다. 그래서 내가 생각하고 결정한 것이 바로 매 주말 토요일이나 일요일 가운데 하루는 무조건 해가 떠 있는 동안은 종일 달린다는 원칙이었다. 나는 이 원칙을 지키기 위해 노력한다. 그게 나 자신과의 약속이기도 하다. 자기 자신을 사랑할 줄 모르는 사람은 타인도 사랑할 줄 모른다는 말처럼, 자신과의 약속을 지키지 않는 사람은 타인과의 약속도 지키지 않는 무책임한 사람일 가능성이 크다고 생각한다.

백두대간 종주 다섯 번째 구간 라이딩을 하기 위해 집을 나선 시각은 6월 17일 아침 7시 30분이었다. 일 년 중 해가 제일 일찍 뜨는 하지가 가까웠음에도 이 시각에 집을 나선다는 것은 사실 시간 낭비라고 할 수 있다. 하지에는 새벽 5시 정도가 되면 해가 뜨고 저녁 8시가 다 되어서 해가 진다. 동지에는 아침 8시가 가까워져서야 해가 뜨고 오후 5시만 넘어가면 해가 진다. 하지를 기준으로 보면 동지 때보다 낮의 길이가 대략 5시간 이상 더 길다. 해 뜨는 시각은 하지가 동지 때보다 2시간 30분 정도 더 빠르며, 해가 지는 시각은 하지가 동지 때보다 2시간 30분 정도 더 늦다. 게다가 추울 때보다는 한여름이 되기 이전인 하지 무렵이 라이딩하기에 훨씬 더 좋다.

이렇게 분석해보면 해가 중천에 떴을 때 집에서 나왔으니 소중한 시간을 헛되이 그냥 흘려보낸 셈이다. 하지만 거기에는 까닭이 있다. 나는 장거리 시외 라이딩을 하면서 대부분의 경우 버스를 이용하는데, 이번 구간은 출발 지점이 김천이라 동대구역에서 김천역까지 열차를 타고 가고 싶었기 때문이다. 장거리 시외 라이딩의 대부분을 대중교통을 이용하는 나는 그중에서도 버스를 99% 이상 이용하며 열차는 어쩌다 한 번씩 탈 수 있을 뿐이다.

버스와 열차를 비교하면, 버스는 되도록이면 우등 버스를 타고 편안하게 이동하고 싶다는 생각이 큰 반면에 열차는 무궁화호만 이용할 수 있는데, 그중에서도 자전거 거치대가 설치된 무궁화호만 가능하다. 무궁화호의 카페 칸에 설치된 자전거 거치대에 자전거를 거치하고 차창 가에 앉아 스치듯 지나가는 창밖의 풍경을 바라보고 있으면 제대로 여행을 떠나는 것 같은 기분이 든다. 사실은 움직이는 열차에 몸을 실은 내가 목적지를 향해 나아가는 것인데 바깥 풍경이 지나간다고 생각하는 것이다. 한 공간 안에 자전거와 내가 함께 하면서 목적지를 향하는 것은 어떻게 보면 공동운명체 같은 느낌이 들기도 한다. 그런 열차를 타고 김천으로 가고 싶었기 때문에, 김천행 열차 시간에 맞추어서 집을 나선 것이다.

집에서 동대구역까지 3km 정도를 달려서 8시 10분경 김천행 무궁화호 1822호에 자전거와 몸을 실었다. 지난번 라이딩을 김천공용버스터미널에 마무리 했으니 이번에는 그곳과 최대한 가까이 있는 김천역에서 출발하여 추풍령을 향하는 라이딩으로 계획을 세웠다. 열차가 익숙한 곳을 지나고 낙동강을 가로지르면서 김천역에 도착한 시각은 한 시간이 지난 9시 10분이었다.

김천에 도착해서 아침을 먹을 생각으로 집에서는 아무것도 먹지 않고 왔기 때문에, 김천역 근처에서 빵집을 찾았으나 보이지 않았다. 그렇다고 편의점에서 빵을 사먹고 싶지는 않았다. 추풍령을 향해 달리다보면 도중에 빵집이 있겠지 하는 생각으로 부지런히 페달을 돌리며 나아갔지만, 결국 추풍령에 도착할 때까지 주린 배를 안고 갈 수밖에 없었다.

김천역에서 추풍령까지는 4번 국도를 따라 라이딩을 하게 되는데, 거리는 약 16.4km이다. 사람들이 많이 이용하는 NAVER의 지도 메뉴에서 추풍령을 찾으려고 하면 추풍령 표지석이 있는 곳이 곧바로 검색되지 않는다. 그래서 나도 처음에는 적잖이 당황했지만, 2년 전에 이미 라이딩한 경험이 있기 때문에, 두 번째인 이번에는 아무런 문제가 없었다. 추풍령 표지석이 있는 지점이 정확하게 추풍령 교차로이기 때문에, 처음 이곳을 라이딩하는 사람이라면 인터넷 포털사이트 지도 메뉴에서 추풍령교차로를 검색하면 표지석에 정확하게 도착할 수 있다.

김천역을 출발하여 4번 도로를 따라 추풍령까지 달리게 되는 구간은 오르막으로 계속 이어져 있다. 하지만 경사가 완만하기 때문에 역풍만 아니라면 힘든 줄 모르고 달릴 수 있다. 더구나 추풍령이 백두대간 고개에

추풍령 표지석은 추풍령 교차로에 있다.

포함되기는 하지만 해발고도가 220m에 불과하기 때문에, 막상 표지석에 도착하고 보면 여기가 진정 추풍령이 맞을까 하는 의심이 들기도 할 것이다. 그렇지만 충청북도와 경상북도를 가로지르는 경계가 될 정도로 추풍령은 유명하다. 한겨울 눈이 내릴 때면 때로 추풍령 이북은 눈이 내리지만 이남은 맑은 날씨를 보이기도 할 만큼 뚜렷한 특징을 지니고 있는 백두대간 고개이기도 하다.

추풍령이 위치한 행정구역은 충청북도 영동군 추풍령면이다. 자그마한 면소재지이지만, 배가 고픈 마음에 우선 빵집을 찾아다니다 작은 빵집을 발견했다. 젊은 부부가 직접 경영하면서 그날그날 구워내는 팥빵 두 개를 사먹었다. 이제부터는 나름대로 한적한 시골길을 달리기만 하면 된다. 하지만 아무리 시골길이라도 방심은 금물이다. 가끔 지나다니는 차량들도 라이더와 마찬가지 마음으로 주의를 게을리 할 가능성이 얼마든지 있기 때문이다.

나는 지난 해 봄부터 도로 라이딩을 할 때면 무조건 안전조끼를 착용한다. 이 날도 마찬가지로 김천역을 출발하면서 안전조끼를 입었다. 작년 봄 이전까지는 그저 눈에 잘 띄는 저지를 입거나 배낭을 메고 라이딩을 했지만, 작년 봄에 낙해안 라이딩을 하는 도중부터 안전조끼를 착용하기 시작했다. 꼭 랜도너스를 하지 않더라도 (사실 나는 지금까지 랜도너스는 해본 적이 없다) 안전조끼를 착용하기 이전과 이후의 경험은 확연하게 다름을 느끼고 있다.

추풍령에서 다음 백두대간 고개인 작점고개까지는 5.7km 거리이다. 도중에 오른편으로 추풍령저수지를 끼고 달리게 되는데, 비록 조금 더워진 날씨였지만, 잘 닦인 한적한 시골길을 저수지를 끼고 달리는 것만으로도 기분은 저절로 상쾌해진다. 또 작점고개의 높이가 340m이니까 5.7km를 달리는 동안 고도는 겨우 120m 상승하는 것이니 업힐하는 것이라고 말하기도 어려운 게 사실이다. 추풍령이 영동군 추풍령면에 있다면, 작점고개는 김천시에 있다.

백두대간 종주 라이딩을 하다보면 고개마다 등산객을 많이 보게 된다. 그들도 대부분 백두대간 종주 등산을 하는데, 종주 라이딩보다 구간을 더 잘게 나눌 수밖에 없는 까닭에 그들은 개인적으로 차량을 이용하거나 인원이 많은 경우에는 관광버스로 이동하는 편이다. 이 날은 작점고개에서 부부 등산객 한 쌍만 만났을 뿐, 나도 인증사진을 찍고 다음 고개인 큰재를 향해 출발했다.

내가 이번에 달린 추풍령~작점고개

작점고개 표지석

큰재가 금강과 낙동강의 분수령임을 알려주는 안내판

~큰재~개머리재~시기재~신의터재~화령 구간의 백두대산 라이닝은 성취감을 맛보기에는 부족한 느낌이 드는 곳이다. 그만큼 높은 고개도 없고 그러다보니 경사도가 높은 구간도 거의 없다는 말이다. 어찌 보면 다른 백두대간 구간에 비해서 상대적으로 조금은 지겨울 수도 있는 구간이라고 할 수 있다. 그렇더라도 백두대간 종주 라이딩의 모든 길을 연결하기 위해서는 반드시 달려야 하며, 만일 구간을 나누지 않고 한꺼번에 달리는 라이더가 있다면 중간에 휴식을 안겨주는 구간으로 생각하면 될 터이다.

그런 마음으로 작점고개를 출발하면 약 5km 정도는 다운힐이 이어지고 상주시 공성면에 들어서게 된다. 공성면에서 문경, 상주, 모동 방면으로 왼쪽 웅산로를 따라 계속 달리면 큰재에 도착하게 된다. 이 거리가 대략 10km 정도이며 약 8km 정도는 완만한 경사를 따라 서서히 올라가는 길이다. 그러다가 큰재를 2km 정도 앞둔 지점에서 경사도가 조금씩 올라가서 최고 12%가 넘는 경사도의 길을 업힐 해야 된다.

큰재의 높이는 320m에 불과하다. 하지만 작점고개에서 출발하자마자 5km 다운힐을 신나게 했으니 다시 업힐 해야 되는 건 당연한 게 아닌가? 12% 고개에 올라서면 상주시 백두대간생태교육장임을 알리는 입간판이 마중을 한다. 큰재임을 알리는 표지판은 눈을 닦고 찾아봐도 보이지가 않는다. 결국 큰재 표지판 대신 백두대간생태교육장 입간판을 인증샷으로 대신하며 아쉬움을 달랜다.

잠시 담배 한 개비를 물고 이온음료를 마시며 휴식을 취한 후 바로 개머리재를 향해 출발한다. 여기서부터 화령까지는 오르막, 내리막이 반복되기는 하지만 경사가 급한 곳은 없다. 큰재 다음의 고개는 개머리재인데, 큰재에서부터 완만한 내리막이 이어지다가 다시 완만하게 오르막이 이어지면서 개머리재에 도착하기 때문에, 주위를 제대로 살피지 않으면 어디가 개머리재인지 알기도 어렵다. 처음 백두대간 종주 라이딩을 할 때 개머리재가 어딘지도 모른 채 지나쳐버렸던 경험이 있다. 그래서 이번에는 완만한 오르막이 끝날 때쯤이면 주위를 두리번거리기를 계속했다. 거리까지 미리 알아두며 사전에 조사를 세밀하게 한 덕분인지, 마침내 개머리재를 찾았다. 하지만 제대로의 표지판은 없었다. 그저 백두대간 등산로임을

알리는 표지판만 있었을 뿐, 개머리재를 알리는 표지판은 없었다.

큰재(백두대간생태교육장)에서 개머리재까지의 거리는 약 16km인데, 우선 큰재를 출발하여 오른편으로 상판저수지를 끼고 9km 정도를 달리면 신천 삼거리가 있으며, 신천 삼거리에서 오른쪽 치운교를 지나 북쪽으로 1.2km 정도를 달리면 금계교가 있는데, 금계교를 지나기 직전에 우회전을 해야 한다. 여기서 개머리재까지는 약 5.5km이다.

개머리재의 높이가 큰재보다 낮은 295m라고 하니 오르막이 있을지라도 급경사가 있을 리 만무하다. 만일 급경사를 이룬 곳이 있다면 또 다른 명칭의 고개가 될 터이니 말이다. 그렇게 개머리재에 도착하여 백두대간 등산로 표지판 주위를 두리번거리다가 개머리재 표지판을 찾았다. 그렇지만 사실 그건 공공기관에서 세운 게 아니라 친절한 누군가가 아니면 답답함을 느낀 사람이 어떤 표지판 등으로 사용되었을 듯한 목재로 된 밑동에다 긁어서 써놓은 것이었다. 어쨌든 나는 그것이라도 반가워서 인증 사진을 찍고는 바로 출발했다.

이어서 도착한 곳은 6km 남짓 거리에 있는 지기재인데 높이가 개머리재보다 더 낮은 260m에 불과하다. 큰재를 출발하여 개머리재를 향해 달리던 그 길을 따라 계속 달리면 되는데, 가면서 왼쪽으로 나 있는 길이 보이면 무조건 좌회전만 하면 되며, 두 번의 좌회전을 하면서 6km를 달리면 지기재에 도착하게 된다. 말이 고개이지 개머리재에서 지기재까지 가

지기재에도 금강과 낙동강의 분수령임을 알리는 안내판이 있다.

지기재 표지판. 제대로 된 표지판의 필요성을 느낀다.

백두대간 종주 라이딩 로드맵

는 길도 평지나 다름없다.

여기쯤 오니까 갈증이 심해졌다. 하지_{夏至}를 며칠 앞두고 있는 데다가 기온이 30도가 넘어갔으니 그럴 만도 했겠지만, 라이딩 도중에 물 없이 계속 이온음료만 마셨더니 물 생각이 간절했다. 그런데 추풍령을 출발해서 지기재까지 오는 도중에 공성면을 제외하고는 그 어디에서도 가게를 찾을 수 없었다. 어쩔 수 없이 다시 이온음료를 마시고 지기재 표지판을 폰으로 찍었다. 높이가 낮은 고개는 제아무리 백두대간 고개일지라도 커다란 바위에 새긴 '백두대간 ○○령' 등의 표지석을 선물로 받지 못한 모습에 나는 아쉬움과 서운한 마음이 들었다.

그렇게 사진을 찍고 사진에 보이는 화장실에서 소변을 보고 나오는데, 부부가 탄 1톤 트럭이 자전거 앞에 멈춰 선다. 서로 간단하게 인사를 나누고 혹시 물이 있는지를 물었다. 마침 농부 부부의 농촌 작업실이 바로 가까이에 있어서 물 두 컵을 연거푸 얻어 마시고는 고맙다는 인사와 함께 신의터재를 향해서 출발했다. 지기재에서 신의터재(280m)까지는 약 8km의 거리인데, 중간에 상주시 화동면 신촌네거리에서 우회전을 하게 된다. 가까운 곳에 면사무소가 있다는 것은 근처에 틀림없이 가게가 있다는 사실을 알려주는 것이다. 그래서 신의터재로 바로 가지 않고 화동면사무소 쪽으로 곧장 달렸다. 거기서 마트를 발견하고 캔 맥주 작은 것 하나와 이온음료를 샀다. 이온음료는 물통에 따라 넣고 맥주는 그 자리에서 단숨에

신의터재 표지석

백두대간 종주 라이딩 로드맵

마셨다. 경험상 갈증이 심할 때는 얼음물보다도 시원한 맥주 한잔이 더 효과가 좋았다. 그런 후 2km도 채 달리지 않아서 신의터재에 도착했다.

신의터재의 높이도 주변의 다른 고개와 다를 바 없이 280m밖에 안 되는데, 백두대간 신의터재임을 알리는 커다란 표지석을 앞세우고 있다. 라이딩하는 사람으로서 이런 곳 앞에서 인증샷을 찍으면 기분이 좋을 수밖에 없다. 신의터재에는 표지석뿐만 아니라 신의터재라는 명칭의 유래를 적어놓은 안내판과 더불어 어떤 산악회에서 세운 표지석도 있고 정자도 마련되어 있어서 지친 등산객이나 라이더가 쉬기에 딱 좋다.

이제 남은 거리는 화령까지 대략 11.4km 정도이다. 화령(320m)은 네이버 지도에 검색해도 나오지를 않는다. 분명히 표지석은 있는데 포털사이트에서 지도로 검색해서는 찾을 수가 없다. 나는 이미 한번 종주 라이딩을 해본 경험으로 쉽게 찾았다. 〈백두대간 신의터재〉 표지석 맞은편에서 출발해서 다시 신촌네거리를 경유하여 49번 도로를 따라 신봉네거리까지 약 9km를 달리면 신봉네거리가 나오고, 여기서 다시 상주, 화서IC 방면으로 25번 국도를 따라 우회전하여 2km 남짓한 거리를 달리면 맞은편에 〈백두대간 화령〉임을 알리는 표지석을 볼 수가 있다.

신봉네거리에서 화령으로 가기 위해 우회전을 하여 조금만 달리면 속리산 문장대로 가는 길과 백두대간 늘재 등으로 가는 이정표가 눈에 들어온다. 내가 다음 구간으로 달려야 하는 길임을 한눈에 알 수 있게 해주는 이정표이기도 하다. 개인적인 욕심이지만 나 같은 사람을 위해서 '백두대간'을 접두어처럼 붙인 이런 이정표가 군데군데 있으면 좋겠다. 포털사이트 지도에서 찾을 수 없는 화령은 대충 지점을 알고 있다면 인근으로 가면서 어디쯤이 가장 높은 지점일까 눈여겨보면 대략적인 지점을 멀리서 짐작할 수 있다. 그래서 그 지점 가까이에 가면 어떤 식으로든지 표지판이나 표지석을 발견하게 될 것이다. 그렇게 나는 화령에 도착했다.

화령에 도착한 시각이 오후 두 시가 조금 넘었기 때문에 시간 여유가 많아서 상주종합버스터미널까지 약 23km를 더 라이딩할까 하는 생각도 잠시 했지만, 이 날 라이딩은 화령공용버스정류장까지만 하기로 결정했다. 왜냐하면 이 날은 아침도 점심도 밥을 먹은 게 하나도 없었으며 추풍령에서 빵 두 개 먹은 게 전부였고 상주를 관통하는 25번 국도가 상당히 위험한 도로이기 때문이었다. 그래서 화령에서 화령공용버스정류장까지 2.5km를 이동해서 상주행 버스에 자전거를 실었다.

상주에 도착해서도 시간 여유가 많아서 느긋하게 점심을 먹고 대구행 버스에 올랐다. 라이딩하면서 대구 지역의 버스터미널을 제외하고 제일 많이 가본 곳이 상주가 아닐까 할 정도로 상주에는 참으로 자주 들린다. 낙동강 자전거길 강정고령보에서 출발하면 낙단보까지는 약 80km이고 상주보까지는 약 100km 거리다. 이렇게 적당한 거리다 보니 쉽게 갈 수가 있고 또 교통편도 편리하기 때문이기도 하다. 강정고령보에서 낙동강

하구둑 쪽으로 라이딩하면 돌아올 교통편을 이용하기가 쉽지 않다. 해가 긴 여름이면 상주까지 왕복으로 달리는 것도 충분하다. 그런 생각을 하는 동안 버스는 대구북부시외버스터미널에 도착했고 집에 도착해서도 한참을 기다려서 저녁을 먹었으니 이 날은 시간 여유가 많았던 백두대간 종주 라이딩의 한 구간이었다.

거리 75km | 획득고도 1,061m

화령공용버스정류장 ▶ 갈령(443m) ▶ 밤티재(480m) ▶ 말티재(430m) ▶
갈목재(390m) ▶ 장고개(380m) ▶ 비조령(343m) ▶ 화령공용버스정류장

7월 22일에는 6월 17일에 추풍령~화령 구간을 달리고 한 달 넘도록 달리지 못한 백두대간 종주 라이딩을 재개했다. 그때부터 지금까지 주말만 되면 비가 내리기도 했으며 후배의 4대강 종주와 나의 세 번째 4대강 종주를 완성하기 위해 백두대간 종주는 잠시 접어두었다. 이번에는 국토 종주와 4대강 종주 라이딩 등을 함께 완성한 후배와 함께 라이딩했는데, 나는 마음속으로는 후배가 이번 기회를 통해서 백두대간 종주 라이딩에 발을 들여놓기를 바라고 있었다. 그래서 이번 라이딩은 솔로 라이딩이 아니라 듀오 라이딩이 되었다.

지난 번 종주 라이딩을 화령공용버스정류장에서 마쳤기 때문에, 이번에는 자연스럽게 화령공용버스정류장에서 출발할 계획으로 아침 7시 10

분발 버스로 상주에 도착했다. 우리는 상주종합버스터미널 앞에서 아침을 먹고 9시 5분 버스로 화령으로 향했다. 25번 국도를 달린 버스가 화령에 도착한 시간은 9시 35분경. 근처 마트에서 이온음료를 사고 바로 라이딩을 시작했다. 화령공용버스정류장을 출발해서 25번 국도 상주 방면으로 조금만 달리면 수청 삼거리가 나오는데, 거기서 괴산·문장대 방면으로 49번 도로를 따라 달리게 되며 초반에 바로 다운힐이 이어진다. 사실 다운힐이 즐겁기는 하지만, 그것은 라이딩 막바지일 경우만 그렇다. 초반이라면 반드시 더한 업힐이 기다리고 있을 수밖에 없기 때문에 처음부터 시작하는 다운힐은 마냥 즐겁지만은 않다.

이번 구간에서 첫 번째 넘어야 할 고개는 갈령인데, 앞서 다운힐을 했기 때문에 이후에는 약하지만 계속되는 업힐 구간이다. 바람만 역풍이 아니라면 처음에는 오르막인지를 거의 느끼지 못하고 달리게 되는 길이다. 갈령이 가까워지면 경사도가 조금씩 높아지는데, 갈령에 도착하기 전 동관 삼거리에서 멀리 갈령터널이 보인다. 동관 삼거리에서 직진하면 갈령터널이 있고 좌회전을 하면 비조령이 나오며 오른쪽으로 나 있는 옛길을 따라 올라가면 갈령을 넘게 된다. 한여름 무더운 날씨만 아니라면 업힐을 즐기기에 좋은 구간이다. 어렵지 않게 갈령(443m)에 도착했는데, 후배는 원래 땀을 많이 흘리는 체질이라 조금은 힘들어 했다.

그래도 이런 고갯길을 오르면 헤어핀을 돌 때마다 그늘도 심심찮게 만

443m 높이의 갈령. 화령버스정류장에서 갈령까지 거리는 약 13km

날 수 있어서 힘들면 쉬기에도 좋지만, 국토 종주 자전거길이나 4대강 자전거길은 그렇지 않고 똑바로 곧은 구간이 많아서 한여름에 라이딩하기가 정말 쉽지 않다. 갈령에 도착하여 후배는 물 흐르는 소리는 듣고는 얕은 계곡으로 내려가서 시원한 계곡물을 조금 뒤집어쓰고 왔다. 물이 얕아서 몸을 담글 정도는 아니란다.

그렇게 잠시 땀을 식히고는 다음 고개인 밤티재를 향해서 다시 달렸다. 갈령에서 짧은 다운힐을 한 후 시골길을 달리면 지나게 되는 곳이 상주시 화북면이며 도중에 속리산 문장대로 가는 이정표와 입간판도 보인다. 조금 멀리에는 거대한 바위가 위용을 자랑하는 문장대가 보인다. 나는 중학교를 마산에서 입학하여 2학년 말까지 다녔는데, 2학년 때 속리산으로 수학여행을 왔다. 법주사는 지금까지 몇 번 다녀갔지만 문장대는 그때가 처음이자 마지막으로 올라본 게 전부이다. 이런 생각을 하며 문장대 기념사진을 찍고 또 다시 직진을 계속하다가 장암2리 마을회관이 보이는 삼거리에서 보은 방면으로 좌회전을 하면 밤티재로 가는 길이다. 갈령에서 이 삼거리까지가 7.6km이니까 여기서부터 밤티재까지는 3.4km만 가면 된다.

이제 3.4km를 달리면 밤티재가 나오지만 이 구간을 쉽게 보면 안 된다. 처음에는 완만한 경사가 이어지다가 오르막의 막바지에 이르면 경사가 갑자기 급격하게 높아지기 때문이다. 나는 2015년 첫 백두대간 종주 라이딩 때는 문경 쪽에서 출발하여 밤티재를 넘었는데, 그때의 정확한 기억이

속리산 문장대로 가는 길임을 알려주는 입간판. 오른쪽으로 문장대가 보인다.

없다. 이번이 밤티재를 넘는 첫 라이딩인 줄 착각할 정도였으니 말이다. 지난 사진을 찾아보고서야 내가 밤티재를 이미 넘었고, 이번이 두 번째 넘는 것임을 알게 되었다. 경사도를 미리 알고 가는 것과 사전 정보를 전혀 모르고 가는 것에는 커다란 차이가 있다. 코스에 대한 정보를 미리 알고 있다면 어떤 방식으로 자전거를 탈 것인지를 결정할 수 있어서 에너지 소비를 그만큼 줄일 수 있고 힘 배분을 적절하게 할 수 있어서 라이딩에 무척 도움이 된다.

그런데 이번이 두 번째임에도 불구하고 기억이 전혀 없었던 탓에 그냥 올라갈 수밖에 없었다. 그렇게 올라가는 도중 갑자기 브라이튼 계기판에 경사도가 10%를 넘어가는 게 보였다. 아차 싶었다. 기어 조절을 해가면서 꾸준하게 최대한 케이던스로 올라가려고 했지만, 이제는 경사도가 14%를 넘어서고 있었다. 눈을 들어보니 앞이 보이는 게 아니라 위가 보인다. 그만큼 경사가 급하다는 말이다. 일단 자전거에서 내려서 숨고르기를 했다. 지도를 살펴보니 이제 남은 거리는 500m 정도밖에 되지 않는다.

다시 자전거에 올라 페달을 힘차게 밟아보지만 거의 걷는 수준이며 걷는 것보다 힘은 훨씬 더 든다. 순간 경사도는 18%를 나타내고 있었다. 끌바를 하고 싶은 생각도 컸지만, 라이딩을 하러 왔으면 아무리 힘들어도 자전거를 타고 넘어야지 하는 당연한 생각에 페달을 한 바퀴 두 바퀴 돌리다보니 눈앞에 생태이동통로가 보였다. 생태이동통로가 있다는 것은 고개 정상이라는 표지와 같다.

밤티재(480m)는 밤치재라고도 불린다. 특별한 표지석도 없다. 생태이동통로를 지나자마자 밤티재 지킴터만 있을 뿐인데, 그나마 지키는 사람도 보지 못했다. 순찰중이라고 되어 있었지만, 순찰중인지 아닌지 알 길이 없다. 상주시 화북면 쪽에서 밤티재로 올라가는 길은 짧지만 무척 가파르기 때문에 우습게 보면 안 된다. 보은 쪽에서 올라가는 길은 경사가 상대적으로 완만하기는 하다. 그렇지만 그 어떤 고개일지라도 고개를 넘는 일은 쉬운 게 아니다. 그만큼 업힐 훈련이 필요하고 반복해서 달림으로써 근육을 만들어두어야 조금이라도 쉽게 오를 수 있다.

밤티재에는 표지석이 없고 오두막 같은 지킴터만 있다.   상판 삼거리 이정표에서 오른쪽으로 가야 말티재로 향한다.

　다음으로 넘어야 할 고개는 말티재인데, 밤티재에서 24km가 조금 넘는 거리에 있다. 시계 반대 방향으로 속리산을 반 바퀴쯤 도는 셈이다. 높지 않은 반 고개 같은 지형, 소위 말하는 낙타등 비슷한 곳을 몇 군데 오르내리면서 갈목 삼거리를 찾아가면 상주·속리산IC 방면 좌회전과 청주·보은 방면 직진을 알리는 이정표를 만나게 되는데, 그대로 청주·보은 방면으로 500m 남짓 달리면 말티재에 오르게 된다. 갈목 삼거리에서 말티재(430m)에 오르는 길은 그다지 힘들지 않다. 거리도 짧고 경사도 급하지 않기 때문이다. 보은 쪽에서 올라가는 길은 상대적으로 길고 힘이 더 든다. 하지만 힘든 구간은 정상에 올라서 보면 대체로 전부 다 아름다운 풍광을 보여준다. 꼬불꼬불 헤어핀이 겹겹이 쳐진 풍광은 정상에 오른 라이더의 모든 고통을 잊어버리게 하는 마약 같은 보상이라고 할 수 있다. 우리나라

보은 쪽에서 말티재로 오르는 길

에는 말티재와 같은 멋진 헤어핀을 보여주는 고개가 몇 개 있는데 함양군 오도재, 단양군 보발재, 영동군 도마령, 정선군 문치재를 들 수 있다.

　나는 보은 쪽에서 말티재에 올라본 적은 아직 없다. 하지만 말티재에 처음 와본 것은 (앞에서 말한 것처럼) 중학교 2학년 수학여행 때였다. 그때가 1974년이었으니 43년이라는 세월이 흘렀다. 그 당시 버스가 말티재(당시에는 말티고개라고 불렀다)를 넘는데, 도대체 이런 곳을 버스가 어떻게 올라갈까 하는 생각을 했던 게 또렷하게 기억난다. 끝없이 이어지는 것 같은 꼬불꼬불 길을 결국에는 넘어서 정이품송도 지나고 법주사에도 들렀으며 문장대에도 올라갔던 기억이 생생하다. 그 길 가운데 일부를 50대 후반의 나이가 되어 자전거를 타고 두 번째 달리고 있는 것이다.

말티재에서 되돌아 내려와서 갈목 삼거리 근처 식당에서 우리는 점심을 먹었다. 남은 거리가 짧아서 여유를 부릴 수 있었지만 목적 달성을 빨리 이루고 싶어 하는 내 성격 때문에, 투덜거리는 후배를 재촉해서 식사를 마치자마자 자리에서 일어섰다. 이제는 화령공용버스정류장을 향해 가는 길에 고개를 넘으면 되는데, 다음 고개는 갈목재(390m)이다. 갈목 삼거리에서 갈목재까지는 1.5km밖에 되지 않는다.

얼마 가지 않아서 갈목터널이 보이고 그 옆으로 옛길이 있는데, 출입금지 표지판과 함께 철문까지 만들어서 굳게 닫아놓았다. 2015년에 넘었던 기억을 되살려서 후배에게 조금만 넘으면 된다며 가자고 했지만, 후배는 출입금지인데 왜 가느냐고 하면서 한사코 터널을 통과하겠단다. 하는 수 없이 후배와 함께 터널을 통과하기로 하고 후미등 세 개와 전조등 두 개를 모두 켰다. 터널이 길지 않고 통행하는 차량도 많지 않기 때문에 그다지 위험하지 않으며 자전거도 다닐 수 있는 터널이기는 하지만, 나는 라이딩 도중에 예상치 못한 터널을 만나면 우회길이 없는지 최대한 살펴서 우회를 하는 편이다. 하지만 이번에는 후배 혼자 통과하게 둘 수가 없어서 어쩔 수 없이 나도 터널을 통과했다. 결국 갈목재를 넘지는 못하고 그 아래에 만들어진 터널을 통과한 것이다.

갈목터널을 통과하여 직진하면 오른편에 삼가저수지(비룡저수지)를 끼

삼가저수지(비룡저수지). 물이 가득 차 있다.

고 달리게 된다. 거의 모든 저수지나 호수의 둘레길이 그러하듯이 이 길도 오르막과 내리막이 반복된다. 갈목터널을 지나면서 이번 라이딩의 마지막 고개인 비조령까지는 약 12km 정도가 남았다. 낮은 업힐과 다운힐을 반복하면서 저수지의 둘레 길을 따라 달리는데 군데군데 공사하는 곳이 많이 보였다. 저수지에 물도 가득했는데, 아마 며칠 전 충북 지역에 집중호우가 내렸다더니, 이곳도 그 영향이 크다는 느낌을 강하게 받았다.

비조령을 얼마 앞두지 않은 약 3km 전방 지점에 오르막이 보였다. 2015년에 비조령에 오를 때는 반대편에서 올랐기 때문에, 이번에 라이딩하는 이쪽의 길이나 경사를 모르고 있었다. 그런데 경사가 만만치 않아 보

장고개에 오르는 길. 사진으로는 잘 알 수 없지만 경사가 14%에 이른다.

였다. 올라가보니 1km도 되지 않는 거리였지만, 오르기 전에는 거리를 정확하게 몰랐고, 그 때문에 그냥 업힐을 시작했다. 이곳도 경사도가 최고 14%에 이른다. 정확한 거리를 모르는 탓에 중간에 한번 쉬면서 도대체 여기가 어딘지 궁금해서 지도를 검색해보니 고개 이름이 장고개이다. 등고선을 보니 높이는 380m쯤 된다. 한여름 폭염 속인 데다가 높이를 정확하게 모르니 우리는 오르다가 안 되면 또 쉴 생각을 했지만 다행히 거리는 짧았다. 그렇게 힘들게 장고개에 오른 후 잠시의 다운힐 다음에 마지막 업힐을 하면 비조령에 도착하게 되는데, 이제 3km가 채 남지 않았다.

짧은 다운힐 후 비조령까지 남은 거리는 1.2km 남짓이다. 그러나 앞에

비조령 표지석 뒤로 보이는 생태이동통로에서 그늘을 피하면서 쉬었다.

백두대간 종주 라이딩 로드맵

서도 말했지만 가보지 않은 길은 비록 거리가 짧더라도 경사가 어떤지를 모르면 힘이 빠진 상태에서는 페이스 조절을 잘 해야 한다. 그래서 우리는 조심스럽고 무리하지 않게 업힐하기로 했다. 조금씩 업힐을 하는데 경사가 완만하다. 기쁜 마음에 좀 더 힘차게 페달을 돌리는데 멀리 비조령 생태이동통로가 보였다. 마침내 이번 종주 라이딩의 마지막 목표지점인 비조령(343m)에 도착한 것이다.

내가 먼저 도착하고 좀 있으니 후배도 올라오는 모습이 보였다. 후배의 업힐 하는 모습을 여러 장 찍어주고는 시원한 생태이동터널 안으로 장소를 옮겼다. 여

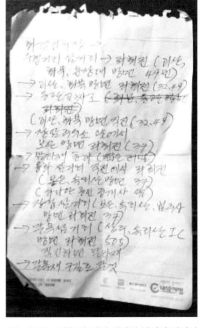

나는 모르는 길을 갈 때면 이렇게 일일이 적어서 가는데, 후배는 핀잔을 준다. 브라이튼 길 따라가기나 폰 지도에서 길 따라가기를 하면 되는데 그것도 모르느냐고 하면서~

름에는 터널만큼 시원한 곳도 없다. 우리는 큰대자로 누워서 한참을 있었다. 후배는 무척이나 힘들어 했지만, 아무리 경사가 급한 곳이라도 절대 끌바는 하지 않는 사람이다. 우리는 거의 말없이 누워서 땀을 식힌 후에 화령공용버스정류장을 향해 출발했다. 이 길은 25번 국도를 따라 동쪽으

로 가면 되는데, 라이딩의 막바지라 쉽지만은 않았다. 완만한 경사가 계속 이어지기 때문이다.

그렇게 화령공용버스정류장에 도착해서 시간표를 보니 상주행 버스를 타려면 2시간 정도를 기다려야 한다. 후배와 나는 이런 저런 궁리 끝에 대전으로 가서 다시 대구행 버스를 타기로 의견을 모았다. 버스를 타고 대구로 가는 시간은 상주로 가서 대구로 가는 것보다 대전을 거쳐 가는 것이 더 많이 걸리지만, 화령에서 하릴없이 두 시간씩이나 보내기가 싫었기 때문이다. 처음에는 대합실에 자전거를 들여놓고 쉬면서 기다릴까 하는 생각도 했지만, 매표하는 할머니가 대합실이 더러워진다며 자전거를 밖에 두라고 말하기에 그럴 수가 없었다. 뜨거운 햇볕이 내리쬐는 도로를 달린 타이어에 묻은 게 있다고 해봐야 먼지 정도뿐인데 말이다. 어쩔 수 없이 자전거를 밖에 두고 기다리다가 대전까지 가서 다시 대구행 버스를 타고 집으로 향했다.

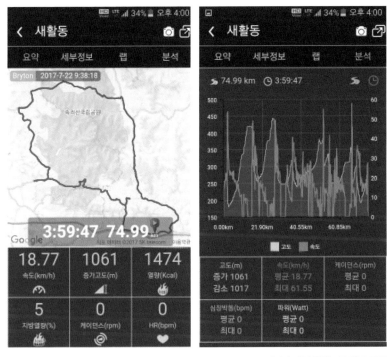

이번 속리산 구간 지도와 고도표

07 일곱 번째 구간

거리 150km | 획득고도 1,080m

**문경공용버스터미널 ▶ 버리미기재(480m) ▶
늘재(380m) ▶ 낙동강 자전거길 칠곡보**

7월의 마지막 일요일인 30일. 대부분 토요일에 라이딩을 즐기는 나는 이번 주말에는 내리는 비를 피해서 일요일에 라이딩하기로 했다. MTB라면 별 문제가 없겠지만, 비가 오면 로드는 다운힐할 때 브레이크가 상당히 미끄럽기 때문에 위험하다. 이번에는 애초에 로드를 타고 라이딩하기로 계획했기 때문에 비가 내리지 않는 날로 선택했다. 라이딩 코스에 따라 경사가 상대적으로 완만한 곳과 거리가 멀수록 아무래도 로드를 타는 게 시간을 단축할 수 있기 때문이다.

라이딩 출발지점을 문경으로 잡았지만, 대구에서 문경으로 가는 버스는 완행밖에 없으며 그나마 시간도 거의 3시간 가까이 걸린다. 그래도 어쩔 수 없지 않은가! 집 근처 지하철 만촌역에서 새벽 5시 48분 첫 지하철을 타고 두류역에서 내린 뒤 3km 정도를 달려서 대구북부시외버스터미널에 도착하여 문경으로 가는 첫 버스를 타고 문경공용버스터미널에 도착한 시각은 아침 9시 20분이었다. 문경공용버스터미널 근처 가게에서 천 원을 주고 빵 하나를 사서 먹었다. 그리고는 바로 일곱 번째 백두대간 구간 라이딩을 시작했다.

문경터미널에서 곧바로 마성면사무소 방면으로 방향을 잡고는 아직 전날 내린 비의 영향이 남아 있는, 구름이 끼어 있는 상태에서 시원하게 달렸다. 가은읍이 가까워지면 가은과 농암방면의 갈림길이 나오는데, 순간의 방

약 1시간 59분 약 29.1km

문경터미널~버리미기재 구간. 이 구간은 네이버 지도를 참고한다.

심으로 가은 방면으로 가지 못하고 지나쳤다. 그렇다고 큰 문제가 되지는 않는다. 조금만 가다보면 작천리 방면으로 우회전하는 길이 있기 때문이다. 이 길은 살짝 오르막이지만 경사를 거의 느낄 수 없으며 922번 도로와 만나기 위해서는 짧지만 급경사 고개를 하나 넘어야 된다.

버리미기재~늘재~낙동강 자전거길~칠곡보. 최대속도 70.73은 나의 최고 기록이다.

이 고개를 넘어서 922번 도로를 타기 시작하면 버리미기재까지는 약
11km이다. 이 길 역시 초반에는 거의 느끼지 못할 정도의 완만한 오르막
이 이어지다가 선유동계곡과 용추계곡을 지나면서 조금씩 경사가 가팔라
지는데, 버리미기재가 가까워지면 경사도 10%를 넘어서게 된다. 그래도

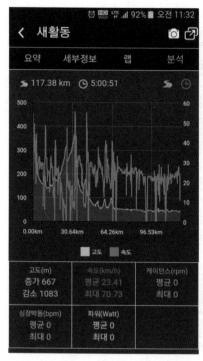

버리미기재~늘재~낙동강자전거길~칠곡보 구간
고도표

라이딩의 초반이라서 그런지 그다지 힘들지는 않다.

시원하고 아름답다고 소문이 나 있는 선유동계곡과 용추계곡을 지나지만, 며칠 전 백두대간 북쪽 지역인 충북 지역에 큰 비가 내려서 피해가 컸던 탓인지, 백두대간 남쪽 지역인 문경시 가은읍 지역에도 큰 비의 흔적이 남아 있었으며 휴가철인데도 계곡을 찾은 사람들이 생각보다 많지는 않았다. 휴가철이면 전국의 바닷가와 계곡은 가득 들어찬 차량 때문에 라이딩도 무척 조심스럽겠지만, 그런 걱정 없이 편안하게 라이딩을 할 수 있었다.

버리미기재(480m)는 선유동계곡과 용추계곡을 지나서 조금 더 올라가야 나온다. 선유동계곡은 버리미기재를 중심으로 좌우로 뻗어 있는 아름다운 계곡이라서 여름이면 피서객이 줄을 잇고 가을이면 단풍놀이 관광객이 즐겨 찾는 곳이기도 하다. 큰 힘 들이지 않고 버리미기재에 올랐지

도발 5G-Pro 체인링이 영롱하게 빛나는 스컬트라 4000

만, 지킴터는 텅 비어 있었다. 겨울에는 산불예방을 위해서 지킴터를 지키
는 사람이 있지만 오늘은 보이지 않았다. 이곳부터 속리산국립공원 지역
에 속한다.

이번 라이딩의 첫 번째 목적지인 버리미기재에 올랐으니, 이제는 두 번
째 목적지인 늘재로 향한다. 버리미기재에서 속리산 방면으로 가야하겠
지만, 그쪽은 첫 번째 백두대간 라이딩할 때 이미 가본 구간이라서 이번에
는 농암면 방면으로 달렸다. 평소 고개 업힐을 즐기는 까닭에 가은읍을 통
과하지 않고 디시 자천리에 있는 얕은 고개를 넘어서 늘재로 향한다. 농암
면을 지나고 농암천변에 조성된 캠핑 구역에 수많은 캠핑족을 보면서 달
리는데, 첫 번째 백두대간 라이딩 때와는 달리 도로가 말끔하게 새로 넓혀

지고 포장도 잘 되어 있다. 왕복 4차선 도로에 간간히 지나가는 차량만 있을 뿐 대부분의 구간을 나 혼자 독차지하고 달린다.

그런데 늘재가 저 위쪽에 보이는 지점에서 갑자기 도로 왼편에 풍산개를 닮은 풍모의 개 두 마리가 다가온다. 도로 라이딩을 하다 보면 이런 일이 가끔 있는데, 나는 무척 긴장한다. 이럴 경우 절대 빨리 달려서는 안 된다. 물론 다운힐을 하면서 속력을 높일 수 있다면 괜찮겠지만, 평지도 아니고 늘재를 향해서 업힐을 하고 있었기 때문에, 속도는 느릴 수밖에 없었기에 일단 자전거에서 내렸다. 그리고는 천천히 자전거를 끌고 오르기 시작했다. 개가 따라오는지 어떤지를 살피면서 최대한 개와의 거리가 멀어질 때까지 걷는다. 작은 개라면 무시하고 달릴 수도 있지만, 큰 개는 그렇지 않다. 이런 경우를 대비해서 어떤 때는 뿌리는 스프레이 파스를 휴대하기도 했는데, 이번에는 휴대하지 않았기에 개의 공격성을 자극하지 않으려고 했다. 그렇게 얼마간 걷고 있는데 멀리서 승용차가 몇 대 내려온다. 무척 반가웠다. 두 마리 중에서 한 마리가 조금씩 따라오고 있었는데, 지나가는 승용차에 놀라서 재빠르게 원래의 자리로 도망가는 모습을 보고는 얼른 안장에 다시 올랐다.

그렇게 얼마 가지 않아서 쌍룡사 표지석이 나온다. 늘재(380m)임을 알려주던 표지석은 사라지고 없었다. 어쩌면 길을 잘못 들었을지도 모를 일이다. 아마 길을 확장하고 새로 포장하면서 산 위쪽으로 옮기지 않았을까

늘재 표지석에는 백두대간만 새겨놓았다.

하고 생각해보지만, 나는 씁쓸한 마음으로 쌍룡사 표지석만 폰카메라에 담고 다시 라이딩을 계속한다.

이렇게 이번 백두대간 라이딩의 목적지인 버리미기재와 늘재에 올랐지만, 라이딩한 거리는 무척 짧다. 그래서 이번에는 처음부터 낙동강 자전거길을 따라 대구로 내려올 계획이었다. 그런데 도중에 식사 할 곳이 없다. 농암면 농암천변에 식당들이 몇 군데 있기는 했지만, 라이딩을 하면서 유원지 같은 곳에서 식사를 하고 싶겠는가? 도중에 파워젤을 두 개 먹고 아미노바이탈 한 개를 먹은 것 외에는 이온음료 한 병 마신 것 밖에 없었다. 그냥 낙단보까지 달리기로 마음먹었다. 그렇게 달리다보니 상주시 외서면이었고 농협 하나로마트가 보였다. 음료수라도 하나 사 먹으려고 들어갔다가 맥주 작은 것 한 캔과 이온음료 한 병 그리고 빵 하나를 샀다. 이온음료는 수통에 넣고 맥주와 빵을 먹고 다시 낙단보를 향해 달렸다.

늘재에서 낙단보 근처의 낙동 삼거리까지는 약 43km 정도의 거리이다. 이 구간은 처음에는 시골길을 달리는 듯 하다가 낙단보가 가까워질수록 도로가 25번 도로와 합쳐지면서 차량도 많아진다. 25번 도로는 몇 년 전에 사이클 팀이 훈련 도중 불의의 교통사고로 목숨을 잃기도 한 도로이기 때문에, 나는 잔뜩 긴장하면서 최대한 갓길로 붙어서 조심스럽게 라이딩하였다.

오후 2시 반 가까이 되어서 낙단교를 통과하는데, 평소와는 달리 흙탕

물이 되어서 흐르는 낙동강물이 보인다. 낙단교를 건너면 식당 몇 개가 있고 마트도 있다. 내가 이곳에 맨 처음 온 때는 2013년 여름인데, 친구의 자전거를 빌려 타고 왔다. 그때는 자전거길도 하루에 100km를 달리는 게 힘들어서 낙단보 근처의 모텔에서 숙박을 하기도 했다. 그 이후 몇 번을 왔는지 이제는 헤아려보기가 싫다. 너무 자주 왔기 때문에 사실 더 오고 싶지 않은 곳이기도 하다. 하지만 이번에 또 오고 말았기에 그 지루한 자전거길을 달려서 대구까지 가기로 했다.

　낙단보 근처 마트에서 나는 이온음료 한 병과 에너지바 하나를 사서 먹었다. 사실 아침부터 밥을 먹은 적이 없어서 식사를 하는 게 더 좋겠지만,

이후로는 자전거길만 달리면 되기 때문에 가볍게 에너지만 보충하기로 한 것이다. 대구까지는 천천히 가도 별 문제가 없기에 좀 더 쉬다가 출발하기로 한다. 이미 100km 정도는 달렸고 이제부터는 느긋하게 달려도 되기 때문이다. 다른 라이더를 만나서 서로 라이딩을 주제로 이런저런 이야기를 나누다가 오후 3시쯤에 구미보를 향해서 출발했다.

낙단보에서 구미보까지는 20km가 되지 않는 거리이다. 그래서 무정차로 달리는 곳이지만, 한여름 날씨에다 대부분 콘크리트 포장 도로이기 때문에 피로도는 제법 된다. 한 마디로 말하면 무척 지루하게 느껴지는 구간이다. 구미보에 도착해서 후배에게 전화를 했다. 일주일 전에 백두대간 라이딩을 함께 한 후배인데, 주말 동안 서로 연락을 하지 않은 터라 궁금하기도 했고 특별한 일이 없으면 칠곡보로 자전거를 타고 마중 나오라고 했다. 그런데 후배는 지난주 라이딩을 마치고 집으로 가는 도중 잠시 방심하던 순간 뭔가에 부딪혀서 가슴에 타박상을 입었다고 한다. 그 때문에 자전거를 타기가 힘들다며 자동차를 몰고 칠곡보로 오겠단다. 나도 좋다고 약속을 하고 칠곡보를 향해서 달렸다.

후배와 칠곡보에서 만나기로 약속한 오후 6시보다 20분 일찍 도착했다. 시간이야 20분 일찍 도착했지만, 내 예상보다는 많이 늦었다. 하루 종일 식사를 전혀 하지 않은 상태에서 오메가3 4알과 마그네슘 2알, 에너지바 1개, 빵 2개, 이온음료 3병, 맥주 1캔을 먹고 마시면서 150km를 달렸

구미보 인증센터

구미보

다. 우리나라 사람은 간식을 잔뜩 먹더라도 결국에는 밥을 먹는 게 제일 중요한가 보다.

구미보와 칠곡보 사이의 거리는 약 35km인데, 구미보를 출발하면서 속도가 평균 5km 정도 떨어지는 것을 알 수 있었다. 공복감은 크게 없었지만, 그 때문에 식사를 전혀 하지 않은 것이 문제였던 것 같다. 단거리라면 모를까 장거리는 공복감을 느끼는 게 컨디션 조절에 훨씬 더 좋겠다고 생각하게 되었다. 실제로는 공복감을 느끼기 전에 미리 밥을 먹는 게 더 좋다고늘 한다. 이랬긴 저랬건 간에 이번 라이딩이 좋은 실험이 되었다고 생각한다.

칠곡보에 도착해서 후배를 기다리는 겸 갈증해소를 위해서 또 맥주 한 캔을 사서 마셨다. 오늘 라이딩은 여기서 종료하는 것이니 맥주를 더 마셔도 되겠지만 참기로 했다.

내가 약속시간보다 20분 정도 일찍 도착한 것처럼 후배도 15분 정도 일찍 오는 걸 보았다. 맥주를 마시고 흡연할 장소를 찾아서 칠곡보 뒤쪽으로 가는데, 후배의 승용차가 주차장으로 들어가는 게 보였다. 후배도 멀리서 나를 알아보고는 차를 세우고 자전거를 차량 지붕에 실었다. 원래 강정고령보 근처 지하철 문양역까지 라이딩할 계획이었지만, 마중 나온다는 후배를 핑계 삼아서 이번 라이딩은 칠곡보에서 마친 것이다. 그래도 150km 정도 거리에 획득고도 1,100m 정도가 되니까 그런대로 만족할 만한 라이딩이었지 않을까?

08 여덟 번째 구간

거리 110km | 획득고도 1,607m

예천시외버스정류장 ▶ **여우목고개(620m)** ▶ **하늘재(530m)** ▶ **지릅재(540m)** ▶
소조령(374m) ▶ **이화령(548m)** ▶ **점촌시외고속버스터미널**

8월 3일 목요일, 후배를 본격적으로 백두대간 종주 라이딩에 입문시키기 위해서 함께 예천으로 떠났다. 보통은 주말을 이용해서 장거리 라이딩을 하지만, 나는 방학이고 후배도 휴가 기간이라 주중인 목요일에 라이딩하기로 했다. 2주 전에 후배와 함께 속리산에 걸쳐 있는 백두대간을 넘으며 한 바퀴 라이딩을 했기 때문에 이번에도 후배를 살살 꼬여서 함께 간 것이다. 동대구복합환승센터에서 7월 11일부터 예천으로 가는 버스가 생겨서 점촌이나 문경으로 가지 않고 예천으로 출발했다. 자주 가는 곳보다는 처음 가는 예천이 더 좋은 게 당연한 것 아닌가?

하지만 결론부터 말하면 후배를 백두대간 종주 라이딩에 입문시키는 것에 실패했다. 후배가 도중에 포기했기 때문이다. 어쨌든 후기를 처음부

Bryton 2017-8-3 9:05:48
소백산국립공원

6:09:25 110.36km
Google 지도 데이터 ©2017 SK telecom 이용약관

17.92	1607	2433
속도(km/h)	증가고도(m)	열량(Kcal)
5	0	0
지방열량(%)	케이던스(rpm)	HR(bpm)

예천터미널~여우목고개~하늘재~지릅재~소조령~이화령~점촌터미널 구간 지도

터 써보면, 인터넷을 검색했을 때는 동대구에서 예천까지 1시간 10분 정도 소요된다고 했는데, 거짓말이었다. 검색 결과대로라면 8시 10분에 도착해야 할 버스가 30분이나 늦은 8시 40분에 예천 시외버스정류장에 도착했다. 우리는 아침 식사부터 하기로 했다. 지난 번 밥을 전혀 먹지 않은 상태에서 110km 지점을 지나면서 무척 힘들었던 나의 경험을 살려서 아침 식사를 꼭 먹어야겠다고 생각했다.

식사를 한 후 마트에서 이온음료를 사고는 본격적으로 라이딩을 시작했다. 이번 구간과 완전히 일치하지는 않지만 1차 백두대간 종주 라이딩 때는 영주에서 출발하여 죽령~저수령~벌재~하늘재~문경으로 달렸기 때문에 되도록이면 새로운 길로 가고 싶어서 예천을 출발지로 선택했다. 하지만 처음 가는 길은 난이도나 경사도를 모르기 때문에 페이스 조절이 쉽지 않다. 거리는 큰 문제가 아니지만 처음부터 무리하면 안 된다.

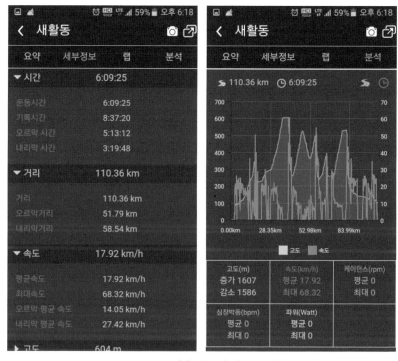

제일 높은 곳은 하늘재도 이화령도 아니고 여우목고개이다.

예천시외버스정류장을 출발해서 약 13km를 달리면 용문사 삼거리가 나오는데 이곳을 지나면 금당저수지와 운암지가 있다. 저수지이건 연못이건 간에 그 주변은 대부분 얕은 업·다운길이 있기 마련이다. 이런 곳에서 처음부터 힘을 소비하면 안 된다. 물론 간단하게 타는 것이라면 상관없겠지만, 장거리 라이딩 중이라면 초반에 힘이 넘친다고 해서 오버페이스

하면 중·후반에 급격한 체력 저하를 맞게 될 가능성이 크다. 그래서 우리는 천천히 달리면서 경천호반에 도착했다. 이 길 끝부분에는 59번 도로와 만나는 수평 삼거리가 있고, 여기서 오른쪽으로 단양, 제천 방면과 왼쪽으로 문경, 점촌 방면으로 길이 나누어진다.

물이 가득 찬 경천호는 울창한 수풀에 둘러싸인 호수처럼 참 예뻤다. 그늘에 있으면 더위를 거의 느끼지 못할 정도였으며 눈앞에 펼쳐진 실록의 푸르름은 우리로 하여금 라이딩을 그만두고 그냥 앉아서 소풍이나 하라고 끌어당기는 듯했다. 2013년 10월 초 나는 예천 상강주막에서 출발하여 문경읍 산북면을 거쳐 경천호반을 따라 달리면서 벌재를 넘고 단양까지 라이딩한 적이 있다. 경천호반의 서편을 따라 나있는 길은 4km가 조금 넘는데, 대부분이 경천호반을 바로 옆에 끼고 달리게 되어 있다. 그때 간 길을 이번에도 일부 지나간다. 수평 삼거리에서 동로면 장터 삼거리까지 약 6.6km가 바로 같은 구간이다. 장터 삼거리에서 왼쪽으로는 하늘재로 가는 길이며 오른쪽은 단양, 제천으로 가는 길이다. 이제 본격적으로 하늘재를 향해서 페달을 힘차게 돌린다.

동로면 장터 삼거리에서 여우목고개까지는 약 8.5km이다. 그런데 거리가 문제가 아니다. 6km 정도는 완만한 오르막 경사가 이어지지만 나머지 2.5km는 경사가 급격히 높아진다. 나도 처음에 왔을 때는 업힐을 하면서 무척이나 힘들어 했던 기억이 생생하다. 10% 정도까지의 경사는 그럭

푸르름이 가득한 경천호반

저럭 올라가지만 그 이상의 경사는 무리하면 안 된다. 여우목고개에 다다르기 직전에 헤어핀도 4개가 있는데, 어느 구간이던지 그곳에 처음 라이딩하는 사람은 헤어핀이 나타날 때마다 저곳만 돌면 정상이겠지 하는 생각을 많이 하게 된다.

게다가 경사도는 12~14%를 넘나들기 때문에 더욱 힘이 든다. 후배는 지난주 가슴에 타박상을 입은 것 때문에 더욱 힘들어 했다. 그래서 나보고 먼저 올라가라고 한다. 나는 내 페이스대로 무리하지 않게 라이딩을 해서 정상에 도착했다. 여우목고개의 정상은 620m로 오늘 라이딩하는 하늘재, 지릅재, 소조령, 이화령보다 더 높다. 정상에서 한참을 기다리니 후배의 모습이 보인다. 후배는 아무리 경사가 심해도 끌바를 하는 일이 없다.

있는 힘을 다해 올라온 후배는 만사가 귀찮은지 사진도 찍지 않는다. 그러면서 하는 말이 도저히 더 달릴 수가 없어서 포기하겠단다. 나는 이미 많이 쉬었지만, 후배를 위해서 또 쉬었다. 그렇게 시간은 많이 지체되었다. 그래도 어쩔 수 없는 일, 사람이 살아야지. 백두대간 종주 라이딩을 하려면 이렇게 백두대간에 속하지 않는 고개도 제법 많이 넘어야 된다. 대표적으로 운두령(1,089m)도 그런 경우에 속하지 않는가.

여우목고개에서 한참을 쉰 다음에 하늘재로 향하는데, 다운힐을 하면 문경읍 갈평리에 삼거리가 나온다. 왼쪽으로는 문경읍으로 가는 길이고 오른쪽은 하늘재로 가는 길이다. 이 길은 약 8km인데 계속해서 내리막이

여우목고개처럼 백두대간 종주 라이딩을 위해서는 백두대간에 속하지 않는 고개도 많이 넘어야 한다.

다. 힘들게 올라온 후배가 보상을 톡톡히 받는 셈이다. 마침내 삼거리 갈림길에 도착하여 후배는 문경공용버스터미널로 가기로 결정했다. 여기까지 후배가 달린 거리는 약 45km이다. 아직도 고개가 4개 남아 있으니 강요할 수 없는 노릇이었다. 아쉬움을 남기고 후배는 문경터미널로 가고 나는 하늘재를 향해서 달렸다.

하늘재까지 남은 거리는 약 5.6km. 후배는 문경터미널까지 약 10km를 더 가야되지만 계속되는 내리막이라 괜찮다. 하늘재로 가는 길도 당연히 오르막이 이어지지만 경사도가 12%를 넘는 곳은 없다. 그래도 나 역시 힘은 많이 빠진 상태였다. 난들 여우목고개로 오르는 길이 어찌 힘들지 않았겠는가? 최대한 케이던스 위주로 천천히 올라간다. 가다보면 하늘재를

1km 앞둔 지점에 장쾌하고 멋들어진 포암산(963m)을 배경으로 한 포암사 명상센터 입구가 보인다. 잘 꾸며진 입구를 보기만 해도 저절로 명상이 될 듯한 분위기를 가진 곳이다. 이곳을 처음 라이딩할 때도 그랬지만, 사진 찍는다는 핑계로 휴식을 취하면서 왔다 갔다 했다.

그렇게 몇 장의 사진을 남기고 마지막 1km를 더 올라간다. 어느 고개이건 간에 항상 정상이 가까워지면 경사가 급해지는 편이다. 그래도 12%를 넘지 않는 것으로 위안을 삼고 묵묵히 올라가니 마침내 하늘재 주차장이다. 명칭은 하늘재이지만 높이는 고작(?) 530m에 불과하다. 자전거를 타고 하늘재 주차장에 도착하는 것보다 주차장에서 하늘재 표지석이 있는 곳에 올라가는 것이 더 힘이 든다. 주차장에서 표지석까지 방부목으로 만들어진 계단을 자전거를 들어서 메고 올라가야 되기 때문이다. 하늘재는 주변의 포암산과 탄항산에 의해 둘러싸여 있어서 푹 꺼져 있지만, 표지석이 있는 곳은 위로 조금 올라가야 하고 표지석도 우뚝 솟은 바위로 되어 있기 때문에 진짜로 주변이 내려다보이는 착각이 들기도 하는 위치이다.

이제는 충주미륵대원지로 내려가는 게 남았다. 하늘재 지킴터에서 미륵대원지 주차장까지는 약 2km이며 비포장 등산로 내리막길이다. 나는 이번 라이딩을 하기 전에 수안보면사무소에 전화를 했다. 이 구간을 자전거를 끌고 통과할 수 있는지를 물어보기 위해서였다. 만일 불가능하다면 다른 코스를 알아보려고 했는데, 입장료를 받지 않기 때문에 자전거를 타

하늘재로 가는 도중에는 이렇게 포암산을 배경으로 한 멋진 명상센터도 있다.

지 않고 끌고 가는 것은 가능하다는 답변을 들었다. 이 구간은 미륵대원지 주차장에서는 오르막이지만, 하늘재에서는 내리막이라서 좋다. 끌고 가야 하는데 오르막이라면 훨씬 더 힘들 테니 말이다. 자전거를 끌고 내려가기 시작하는데, 생각보다 길도 평탄하고 무엇보다 숲 속이라 시원해서 좋았다. 그렇게 한참을 내려가는데 이 길을 왕래하는 사람이 단 한 사람도 없었다.

하늘재 지킴터에서 미륵대원지를 향해 내려가는 출발 지점

길의 상태가 좋은 데다 아무도 없어서 결국 자전거에 올라탔다. 미끄러지지 않도록 조심스럽게 나무뿌리와 돌을 넘기도 하고 피하기도 하면서 싱글 길을 타는 기분을 조금은 느꼈다. 나는 싱글은 전혀 탈 줄 모르며 경험도 없지만 배울 생각도 없다. 모든 장르의 자전거를 탈 수는 없지 않은가? 더욱이 나는 도로 위주로 업힐을 즐기는 관계로 타이어도 최대한 도로에 적합한 것을 장착했기 때문에 흙길에서는 상당히 미끄럽다.

그렇게 조심스럽게 내려가는데 이 길에서 딱 한 사람을 마주쳤다. 도보여행자에게 불편을 주면 안 되기에 멀리서 자전거에서 내려서 비로소 사진 찍을 생각을 했다. 기념사진이다. 한여름 시원한 숲속을 자전거를 타고

미륵대원지의 흔적인 주춧돌

내려오다 보니 사진 찍는 것도 잊어버릴 정도로 숲의 청량함에 빠져 있었
나 보다. 2km 구간 가운데 1.5km 정도는 자전거를 타고 내려왔을 것이
다. 만일 처음부터 끝까지 자전거를 끌고 내려왔다면 시간은 많이 소요되
었을 것이지만, 덕분에 시간을 많이 절약해서 기분이 좋았다.

그렇게 미륵대원지 주차장에 도착하니 예전의 절 규모를 짐작하게 해주
는 주춧돌만 남아 있다. 멀리 오층 석탑도 보이지만 나는 갈 길이 멀기 때
문에 사진만 흔적으로 남기고 지릅재를 향해 출발한다. 중간에 후배와 통
화를 하니 문경에서 점촌까지 버스로 이동하여 점촌에서 대구까지 무정
차 버스를 타고 간단다. 문경~대구는 완행버스만 다니지만, 점촌~대구

는 무정차 버스도 있다. 완행도 버스는 무정차 버스와 같은 종류이지만, 시간은 배 이상이 걸린다. 후배에게 조심해서 가라는 말을 남기고 지릅재를 향해서 올라가는데, 중간 중간 경사도 10%를 나타내는 표지판이 있다.

지릅재의 높이를 몰랐는데 이번에 와보니 540m이다. 첫 번째 백두대간 종주 라이딩을 할 때는 지릅재를 넘지는 않았다. 코스를 적절하게 짜기 무척 어려웠고, 그때는 하늘재~미륵대원지 구간에 자전거 출입이 금지인 줄 알았

정신없이 달리다보면 이런 지릅재 같은 표지판은 그냥 지나치기도 한다.

기 때문이다. 제대로 알아보지 않은 탓이었다. 그래서 이번에는 무조건 이 구간을 오기로 마음먹었는데, 마침 사람이 없어서 대부분 타고 통과했으니 복 받았다고 해야 할까? 미륵대원지 입구에서 지릅재까지는 2.3km이며 그다지 힘들지는 않다.

다음 목적지는 소조령과 이화령이다. 우선 지릅재에서 수안보면 안보 삼거리까지 6.6km는 다시 업힐에 대한 보상으로 다운힐이 이어진다. 안보 삼거리에서 왼쪽 문경, 연풍 방면으로 달리면 소조령으로 가는 길이다.

오른쪽은 수안보 인증센터로 가는 길인데 1.7km만 가면 된다. 나는 왼쪽으로 국토 종주 새재 자전거길을 따라 가는데, 2.3km를 가면 은행정 교차로가 나오며 여기까지는 평지 길이다. 은행정 교차로에서 소조령까지는 약 2.2km. 그동안 달려오느라 힘은 많이 빠졌지만 묵묵히 올라가면 된다.

소조령(374m)은 인증샷만 남기고 그냥 통과한다. 사실 소조령은 국토 종주 라이딩을 하는 사람이라면 무조건 넘어야 하는 고개이지만 특별한 팻말이 없기 때문에, 어디가 소조령인지 모르고 지나친 경우도 많을 것이다. 수안보 쪽에서 소조령으로 가는 길은 업힐을 하는 것 같지만, 이화령 쪽에서 가는 길은 업힐이라고 부르기도 민망할 정도의 경사를 보이고 있다. 그래도 이미 장거리를 달려와서 지친 라이더라면 아무리 약한 경사일지라도 힘들게 느껴질 것이다.

소조령에서부터 이화령 초입인 행촌교차로 인증센터까지는 약 6.2km이다. 이 구간도 완만하지만 내리막으로 이어지기 때문에 그동안 줄어든 평속을 올리기에 딱 좋다. 그래서 풀 아우터로 놓고 신나게 달린다. 하지만 배가 고프다. 소조령까지 고개 4개를 넘으며 70km를 달리는 동안 아침 식사 이후 아무것도 먹은 게 없어서 배가 고팠다. 마침 행촌교차로 인증센터를 조금 앞둔 곳에 마트가 있는 것을 발견하고 들어갔다. 이온음료 한 병과 맥주 한 캔 그리고 구운 계란 한 꾸러미(3개)를 샀다. 바로 옆에 있는 정자로 가서 맥주 안주 삼아 순식간에 먹어 치웠다. 맥주는 마시고 이온음료는 물통에 담고 물도 한 병 채워 넣었다. 그렇게 달려서 행촌교차로 인증센터는 인증샷도 남기지 않고 바로 이화령으로 올라갔다.

헤아리기 귀찮을 정도로 자주 온 곳이기도 하고 바로 직전에 먹고 마신다고 쉬었는데 또 쉴 까닭이 없지 않는가. 이화령까지 5km를 올라가야 하지만 무정차로 올라가기로 마음먹고는 페이스를 조절해가면서 페달을 돌렸다. 날씨가 더워서 그런지 내 앞에 올라가던 젊은 라이더 두 사람만 보이고 다른 아무도 없다. 아무리 힘이 빠졌을지라도 꾸준히 내 페이스대로 올라가다 보니까 어느새 나는 그 젊은이들을 추월하고 있었다.

이화령 올라가는 길에는 도로바닥에 남은 거리가 표시되어 있는데, 그날의 컨디션에 따라서 좋기도 하고 싫기도 하다. 컨디션이 좋을 때는 벌써 이만큼 올라왔나 하는 생각이 들기도 하지만, 그렇지 않을 때는 아직 저만큼이나 남았나 하는 생각도 들기 때문이다. 평균 경사도는 낮은 곳은 3%에서부터 높은 곳은 8%를 넘기도 한다. 10%도 넘지 않는데 당연히 무정차로 올라가야지 하는 생각을 더욱 단단히 하면서 무난하게 이화령 (548m)에 도착했다. 이번이 이화령에 여섯 번째 흔적을 남기는 것이다.

대구에 살면서 주변의 한티재나 헐티재, 팔조령보다 더 많이 이화령에 오른 게 아닐까? 이제 또 언제 이화령을 넘을지는 알 수 없지만, 당분간은 올 일이 없을 것 같다. 이화령 그늘에 누워서 후배에게 전화를 했다. 대구에 도착해서 집으로 가는 길, 금호강 자전거길이란다. 그만하기 다행이다.

이화령은 자전거를 처음 타면서 국토 종주를 하는 사람들에게는 무척 험난한 구간으로 인식되기도 한다.

나는 이화령까지 78km를 달리고 획득고도는 1,600m에 육박하고 있었다. 시각은 오후 4시가 조금 덜 되었다. 점촌에서 대구로 가는 무정차 버스를 검색해보니 오후 6시 20분에 있다. 이화령에서 점촌시외고속버스터미널까지 거리는 약 33km이고 시간은 두 시간 이상 남아 있었다.

이제 길은 평탄하며 살짝 내리막이라고 보아도 무방한 구간이다. 문경에서 점촌으로 가는 버스를 타고 갈 수도 있지만, 여력이 남아 있는데 달려야 하지 않는가? 가는 도중에 불정역 인증센터에 들렀다. 폐기관차를 펜션으로 운영하다가 수지타산이 맞지 않았는지 지금은 조금 황량한 모습이다. 불정역 주변의 경치는 어느 계절이나 항상 아름답다고 느꼈는데, 이번에도 마찬가지로 짙푸른 녹음을 옆에 두고 흐르는 냇물도 시원스럽게 보였다. 불정역을 조금 지나면 원래 자전거길은 다리를 건너게 되어 있었는데, 아직도 공사 중이라 임시 자전거길로 가란다. 무슨 공사인지 1년이 넘도록 아직도 진행 중인가? 작년에는 다리를 건너서 일반 도로를 타고 달린 적도 있지만, 이번에는 임시 자전거길을 따라 가보았다. 달려보니 자전거길로 가는 것보다 점촌시외고속버스터미널까지는 훨씬 거리가 가깝다.

5시 40분경에 점촌터미널에 도착하여 6시 20분 버스 승차권을 구입하고 느긋하게 앉아서 저지 뒷주머니에서 이번 라이딩을 하면서 모아둔 쓰레기를 꺼냈다. 담배꽁초 8개, 아미노바이탈과 파워젤 껍데기 각 2개씩. 나는 주변에 쓰레기통이 없으면 담배꽁초까지도 함부로 버리지 않고 주머니에 넣는다. 이렇게 기념사진을 찍고는 모두 쓰레기통에 버렸다. 그리고 브라이튼을 확인해보니 110km 거리를 날렸으며 1,60/m를 업힐했다.

09

거리 91km | 획득고도 1,568m

점촌시외고속버스터미널 ▶ **벌재**(625m) ▶ **진터고개**(851m) ▶
저수령(850m) ▶ **죽령**(696m) ▶ **영주종합터미널**

8월 6일 일요일, 입추를 하루 앞둔 날이지만 폭염은 여전하다. 요즘 일
기예보가 비 오는 것은 맞추지를 못해도 기온은 어느 정도 맞추는 편인데,
대구의 기온이 37~38도로 예상되는 날씨지만, 아침 6시 50분 점촌행 버
스에 올랐다. 이번 구간 백두대간 종주 라이딩은 벌재에서 죽령으로 가는
코스를 잡았는데, 1차 백두대간 종주 라이딩 때는 죽령에서 벌재로 향했
기 때문에 반대 코스를 계획한 것이다.

8시 10분경에 점촌시외고속버스터미널에 도착하여 터미널 안에 있는
분식집에서 김밥 두 줄로 아침식사를 하고 8시 30분이 조금 지나서 벌재
로 향한 라이딩을 시작했다. 벌재로 가기 위해서는 예천터미널에서도 갈
수 있고 문경터미널에서도 갈 수 있지만, 나는 새로운 길인 점촌시외고속

나무 그늘이 드리워진 경천호반에서 오래도록 머물고 싶었다.

버스터미널에서 동로면 장터 삼거리로 달렸다. 이 길은 지난 번 예천터미널에서 가는 길보다 조금 쉬운 난이도를 보인다. 만일 문경터미널에서 출발한다면 중간에 여우목고개(620m)를 넘어야 하기 때문에 상당히 힘들 것이다.

경천호반을 약 4km 정도 따라가는데 한여름 뜨거운 태양빛을 가려주는 나무그늘이 참으로 고마운 길이다. 더욱이 달리는 방향과 같은 오른편

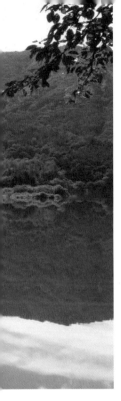

으로 호수의 물결을 보면서 라이딩할 수가 있어서 라이더에게 시원함을 선사해주기도 한다. 그렇게 동로면 장터 삼거리까지는 30km가 조금 넘는 거리를 달리게 되는데, 아무리 평탄한 길일지라도 찜통더위는 어쩔 수가 없다. 그래서 갈증해소 겸 동로면에서 캔 맥주 작은 것을 하나 사 마셨다.

여기서 벌재까지는 4km 정도. 나는 이 길을 이번으로 세 번째 달리는 것이다. 첫 번째는 2013년 10월 학교에서 교직원 등행대회를 하는데, 다른 사람들은 예천 상강 주막에서 등행을 시작했지만 나는 자선서를 버스에 싣고 가서 상강주막에서부터 문경시 산북면을 거쳐 벌재를 넘고 단양으로 라이딩한 것이며, 두 번째는 1차 백두대간 종주 라이딩을 할 때 영주터미널에서 출발하여 죽령과 저수령을 거쳐 벌재와 여우목고개, 하늘재를 넘어서 문경터미널까지 달렸다.

벌재까지의 거리는 4km 정도이지만, 장터 삼거리를 벗어나자마자 곧바로 급격한 경사가 시작된다. 평균 10% 이상의 경사가 계속되면서 어쩌다 7~8%의 경사를 만나게 될 뿐이다. 평지처럼 보이는 구간은 없다. 오르면 오를수록 13~14%대의 경사도 예사로 나온다. 이곳을 처음 라이딩했을 때는 8단 스프라켓의 소라급 로드였는데, 도저히 끝까지 타고 넘을

벌재는 문경과 단양의 경계이다.

수가 없어서 중간에 몇 번이나 끌바를 했던 기억이 생생하다. 그때의 생각을 하며 힘으로 우격다짐을 할 생각은 처음부터 아예 하지를 않았다. 도로가에 나무 그늘이 있으면 그냥 간간히 자전거에서 내려서 쉬기를 반복했는데, 급격한 업힐로만 이어지는 길 옆에 딱 한 군데 약간의 평지가 보이기에 편히 앉아서 휴식을 취했다. 속도계의 온도는 이미 38도를 넘어서고 있었기 때문에, 페이스 조절도 필수이고 무엇보다 절대 무리하면 안 되는 날씨이기 때문이다.

작년 여름 경남 진주를 출발해서 산청군을 거쳐 지리산 오도재와 지안재를 넘고 함양까지 라이딩했는데, 오도재를 넘기 전 도로상에서 속도계

진터고개 정상의 브라이튼　　　　　　　　진터고개 생태이동통로 터널

의 온도가 44도를 가리키고 있었다. 당시 어지러움과 속이 메스꺼움을 동시에 느껴서 잘못하면 큰일 나겠다는 생각에 얼른 주위의 그늘을 찾았다. 다행히 넓은 나무 그늘이 있어서 머리를 아래쪽으로 향하게 하여 20분가량 길바닥에 누워서 꿀맛 같은 휴식을 취하고 회복한 귀중한 경험을 한 적이 있다.

　요즘 같은 날씨에 장거리 도로 업힐 라이딩을 한다는 자체만으로 이미 사람들은 나에게 미쳤다고 하는데, 자칫 열사병이나 일사병 때문에 119가 출동하는 일이 있으면 안 되지 않는가? 13~14%의 경사를 올라서 마침내 벌재에 도착했다. 이때 속도계 온도는 40도를 표시하고 있었다. 벌재의 높이가 625m이니까 아래쪽보다 기온이 내려가야 정상이겠지만, 아스팔트의 열기가 온도를 끌어올린 것이다.

나는 벌재 생태이동통로 터널 안에 퍼지고 앉았다. 한참을 앉아 있다가 온도가 궁금해서 보니까 34도이다. 무려 6도씩이나 차이가 난다. 터널 안이 그만큼이나 시원하다는 뜻이다. 옆에 드러누워서 쉬고 싶었지만, 보행통로에 흙이 많아서 그렇게 할 수 없는 게 안타까웠다. 여기서 파워젤 하나와 아미노바이탈 하나를 이온음료와 함께 먹었다.

충분히 쉬었다는 생각에 저수령을 향해 가는데 일단 다운힐이 시작된다. 벌재에서 저수령까지는 약 7.6km이며 내리막은 2km가 이어진다. 다운힐을 하면 속도 때문에 저절로 시원한 바람을 맞게 되는데, 그렇게 신나게 다운힐하는 도중 지나가는 차량이 경적을 울린다. 내가 뭘 잘못했나? 아니면 나를 아는 사람인가 싶어서 살펴보니, 나는 최대한 갓길 쪽으로 붙어서 내려가고 있었고 백미러를 통해서 본 차량도 내가 아는 사람의 차는 아니었다.

내가 속도를 줄이니까 차량도 함께 속도를 줄였으며 나는 운전자와 차량 안을 동시에 살폈다. 아는 사람은 아니지만 차량 안에 자전거가 있는 것으로 보아 단순히 동질감을 느낀 그가 나를 불러 세운 것이다. 우리는 길 가에 차와 자전거를 세우고 20분가량 라이딩에 관한 대화를 나누었다. 인근 지역에 거주하는 분인데, 이 지역 라이딩을 자주 하신단다. 기념사진

저수령 오르는 길도 경사가 심해서 많은 라이더가 힘들어 한다.

을 찍고 출발하려는데 본인도 함께 라이딩하겠다고 하시기에 나는 자신이 없으니 혼자 라이딩하겠다고 말하고 나중에 언제 한번 연락하자며 명함을 건넸다.

다시 출발이다. 벌재에서 단양을 향해서 내려가다 보면 오른쪽으로 예천 방향 이정표가 나오는데, 벌재에서부터는 2km의 다운힐 다음에 이어지는 업힐 구간이다. 이 길을 계속 달리면 저수령이 나온다. 그런데 저수령에 도착하기 전에 저수령만큼이나 높은 고개를 하나 넘어야 된다. 지도상에 특별한 명칭이 없어서 동네 주민한테 물어보니 진터고개란다. 주변에 진터라는 지명을 가진 곳이 있다. 이 업힐 구간은 거리가 4km이다. 이 구간도 10% 미만의 경사를 나타내는 곳은 없다. 자전거를 타고 달리는 것이 아니라 끌바를 하는 것보다 아주 조금 더 빠른 속도로 꾸역꾸역 올라갈 뿐이다.

정말이지 차라리 끌고 올라가면 힘이라도 덜 들지, 왜 이렇게 힘들게 자전거를 타고 올라가나 하는 생각을 수도 없이 했다. 이 구간에서도 몇 번을 쉬었는지 모르겠다. 지나가는 차량도 거의 없다. 차량에 탄 사람은 분명히 "이런 날씨에 저런 미친 짓을 해야 하나?" 하고 자기네들끼리 대화를 나누었음에 틀림없을 터이다. 결국에는 이 고개도 끝을 보였다. 역시 생태이동통로로 만들어진 터널 안에서 휴식을 취하면서 브라이튼을 보니 고도가 851m를 표시하고 있었다. 여기가 진터고개 정상이다.

여기서 저수령까지는 1,600m 정도인데 살짝 내리막이 이어지다가 바로 오르막이 나오면서 7% 내외의 경사도를 보이기 때문에 이전에 비하면 정말 식은 죽 먹기이다. 상대적인 느낌은 마치 평지를 달리는 기분이다. 게다가 이 구간은 거리마저 짧으니까 더욱 그러했다. 눈앞에 저수령 표지석이 보였다. 두 번째 오는 이곳 서수령은 경북 예천과 충북 단양의 경계이다. 저수령의 높이도 850m이니까 앞선 진터고개와 같다.

진터고개를 넘으면서 평균속도가 15km/h까지 떨어졌다. 저수령에서 단양군 대강면으로 내려가면서 얼마

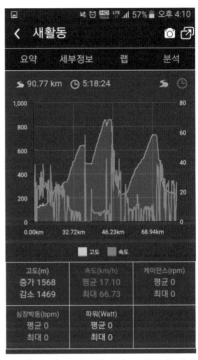

고도상 제일 높게 나온 곳이 진터고개와 저수령이다. 첫 번째는 벌재이고 마지막은 죽령

를 회복할 수 있을지 의문이다. 평속을 크게 신경 쓰지는 않지만, 전혀 신경 쓰지 않는 것 또한 아니다. 백두대간을 넘을 때는 평속 18km를 밑돌고 싶지는 않는데, 어느 정도 회복할지 짐작이 되지 않았다.

이제 오늘 마지막 남은 죽령만 넘으면 이번 라이딩을 마치게 된다. 저

수령에서 죽령으로 가는 길은 우선 대강면 장림 사거리까지 16km의 거리가 내리막이다. 이 구간에서 평균속도도 회복하고 싶었다. 그렇지만 다운힐은 라이딩할 때 주변 환경이나 차량 등을 제외하고는 가장 긴장하고 조심해야 할 사항이다. 내가 백두대간 종주 라이딩을 하면서 로드 사이클 보다는 MTB 하드테일을 대부분 타는 이유는 내리막에서의 브레이킹 때문인 이유가 가장 크다. 물론 기어 비 때문에 경사가 급한 업힐에서 조금 더 쉬운 점도 있다. 그렇더라도 긴 다운힐이 이어질 때, 게다가 비까지 내린다면 림브레이크 보다는 디스크브레이크가 훨씬 안전하고 안정감이 있기 때문이다.

장림 사거리에 도착하기 조금 전 갈증해소를 위해 가게에 들렀다. 음료수와 함께 점심 식사 대용으로 삶은 계란을 찾았으나 없다는 말에 그냥 아이스크림 하나만 먹고는 파워젤과 아미노바이탈도 먹었다. 이제 죽령을 향해 출발한다. 장림 사거리에서 죽령까지 약 10km의 업힐이 기다리고 있다. 영주터미널에서 라이딩을 시작하여 죽령을 넘은 적이 두 번 있기 때문에 죽령의 경사도는 체감하고 있었다. 영주와 단양, 어느 쪽에서 올라가더라도 거리는 제법 되지만 경사도는 급하지 않다. 하지만 이번에는 과연 어떨까? 나도 쉽게 짐작하기 어려웠다. 이미 획득고도가 1,000m를 넘어섰으며 라이딩한 거리와 날씨 등을 생각하면 더욱 그러했다.

한 가지 위안이 되는 것은 예상 시간보다 훨씬 빨리 죽령을 향해서 올

죽령에서 단양 쪽을 보면서 찍은 사진

라가기 시작했다는 점이었다. 중간에 아무리 자주 쉬었을시라도 점심 식
사를 하지 않았으니 그만큼 시간절약을 하지 않았겠는가? 조금씩 천천히
페달을 돌렸다. 경사는 아무리 높아도 9%대이고 평균 5~7% 정도가 되
는 같았다. 그렇지만 업힐 거리는 10km이다. 다른 고개를 넘지 않고 오로
지 죽령만 넘는다면 참 재미있겠다는 생각도 들었다. 도발체인링으로 죽
령만 넘는다면 과연 어떻게 될까? 꼭 한번 측정해보고 싶다.

　그늘이 보일 때마다 쉰 것은 아니지만 그래도 자주 쉬었다. 시간도 넉
넉한 데다가 다른 사람과 경쟁하는 것도 아니고 마음 푸근하게 라이딩을
즐기는 것도 필요하며, 오늘 날씨가 여간 더운 게 아니기 때문에 더욱 자
주 쉴 필요가 있다고 스스로를 합리화하기까지 했다. 그렇게 10km를 올

죽령은 영주와 단양의 경계이다.

희방 삼거리에서

라서 마침내 죽령에 도착했다. 물을 마시고 싶었다. 맥주도 마시고 싶었다. 죽령에 도착하기까지 이온음료 한 병과 맥주 한 캔을 마셨지만, 모두 땀으로 배출되었나 보다. 소변을 보기는 했지만, 소변이 노란색으로 억지로 짜낸 것 같았다.

죽령에 도착해보니 물이 1/3 병도 남지 않았다. 그래서 죽령휴게소 들렀는데, 맥주 한 캔 가격이 2,500원이란다. 물 값은 물어보지도 않았다. 죽령까지 지게로 져다 올리는 것도 아닌데 너무나 폭리를 취한다는 생각에 맥주고 물이고 사는 것을 포기했다. 이제 다운힐만 남아 있기 때문에 내려가면서 풍기나 영주에 가서 무엇을 사먹든 마시든 해야겠다는 생각으로 사진만 몇 장 찍고 다운힐을 시작했다.

그렇게 영주를 향해 내려가면서 희방 삼거리에서 희방사 가는 길 표지판 사진만 한 장 찍고는 풍기를 향해 달렸다. 길이 새로 확장 포장된 데다가 내리막이어서 그냥 달리기만 했다. 달리기에 좋은 도로상황 때문에 밥을 먹거나 물을 마시기 위해 일부러 도로를 벗어나고 싶지 않아서 갈증도 참고 그냥 달린 것이다. 그러다보니 봉현면도 지나고 안정면까지 오게 되었다.

자연스럽게 큰길을 벗어나서 시골냄새가 물씬 풍기는 거리였는데 중국집이 보이기에 시원한 냉면이나 콩국수 생각이 나서 가봤지만 문이 닫혀 있었다. 다시 주변을 살펴보니 가게가 있어서 가봤지만 역시 휴일이라

영주시 안정면에 있는 평화롭고 시골스런 정감이 가는 이발관

안정 교차로와 가흥 삼거리 사이에 있는 끝이 보이지 않는 도로

164

는 팻말만 문에 걸려 있었다. 물은 이미 다 마셔버렸고 식당에 갈 수도 있었지만, 영주 한우 생각이 나서 점심 식사는 영주에 가서 하기로 하고 갈증만 해소하고 싶었다. 그래서 찾은 곳이 주변에 있는 주유소였다. 문을 열고 들어가면서 일부러 큰 소리로 인사를 했다. 그리고는 허락받고 정수기의 물을 받아서 반 병쯤 마시고는 다시 한 병 가득 채워서 인사를 하고 나왔다.

영주종합터미널까지 남은 거리는 약 6km이다. 안정 교차로에서 가흥 삼거리 사이에 정말 끝이 보이지 않는 넓은 도로가 있는데, 아마 비상 활주로 겸용으로 건설 중인 것 같았다. 이미 건설을 시작한 지 오래되었지만 아직 완공된 것은 아니다. 이 구간이 2.6km쯤 되는 것 같다. 이 긴은 도로 중앙으로만 차량이 통행하도록 되어 있고 양 가 쪽으로는 불가하게 되어 있어서 자전거를 타고 달리기에는, 지금 현재로는 매우 좋다. 하지만 날씨와 라이더의 당일 컨디션에 따라서 이런 도로 상황이 좋기도 하고 나쁘기도 하리라는 생각이 들었다. 나는 이날 속력을 내고 싶어도 힘이 없어 그러지 못했으며 배는 더욱 고파왔다.

그런 지겨운(?) 도로를 벗어나서 얼마 가지 않았는데 영주종합터미널이 있었다. 올해 1월에 이곳으로 옮겨왔단다. 그 전에는 시내 쪽에 있어서, 죽령이나 고치령 방향으로 라이딩하기에는 조금은 복잡한 지역을 벗어나야만 했지만, 지금은 그런 환경이 좋아진 셈이다. 대신 주변에 아직 먹을

만한 곳이 보이지 않았다. 영주종합터미널에 오후 3시 45분쯤에 도착했
는데, 대구행 버스가 4시에 있으니 뭘 먹을 시간도 없었다. 하는 수 없이
맥주만 한 캔 사고 자전거를 짐칸에 넣고 바로 버스에 올랐다. 버스가 출
발하기도 전에 맥주는 단숨에 마시고 가지고 간 양갱 하나로 잠시나마 허
기진 배를 채웠다. 영주 한우를 먹겠다는 생각도 잊어버리고 버스를 왜 그
렇게 급하게 타야만 했을까?

10

열 번째 구간

거리 92km | 획득고도 1,474m

춘양시외버스터미널 ▶ **주실령**(780m) ▶ **마구령**(810m) ▶
고치령(760m) ▶ **영주종합터미널**

주말을 이용하여 당일로 백두대간 솔로 라이딩 10차를 하는 오늘은
2017년 8월 12일 토요일이다. 여전히 무더위는 계속되고 있다. 이번에는
여덟 번째 구간인 예천~여우목고개~하늘재~지릅재~소조령~이화령
~점촌 구간 때 중간에 포기했던 후배가 함께 가기를 원했다. 이번 구간이
백두대간 종주 라이딩 중에 가장 힘든 구간임을 알려주었는데도 도전하
겠다고 해서 함께 출발했다. 우리는 대구북부시외버스터미널에서 아침 7
시 춘양행 버스를 탔다. 1차 백두대간 종주 라이딩을 했을 때는 영주종합
터미널에서 출발하여 고치령~마구령~주실령~도래기재~춘양시외터
미널로 달렸는데, 매번 같은 코스로 달리면 지루하고 업힐 방향에 따라 난
이도도 다르기 때문에, 이번에는 춘양에서 라이딩을 시작하기로 한 것이

다. 또 이번 코스에서는 도래기재를 제외했는데, 다음 번 11차 라이딩 때 역시 춘양에서 출발하여 도래기재를 넘고 화방재로 가기 위해 일부러 이 번 코스를 첫 번째 업힐은 주실령을 넘는 것으로 정했다.

대구에서 춘양까지 가는 버스 소요시간이 많이 단축되었다. 7시에 출 발한 버스가 춘양에는 9시 20분에 도착한다니 2년 전보다 1시간 가까이 나 단축되었다. 물론 그날그날 도로 사정에 따라 다르겠지만, 나처럼 대중 교통을 이용하여 장거리 라이딩을 하러 다니는 사람에게 시간 단축은 엄 청난 축복이나 마찬가지이다. 버스는 예정 시간에 거의 정확하게 춘양에 도착했고, 우리는 억지춘양시장 안에 있는 한 식당에서 아침식사로 육개 장을 먹었다. 그런 후 이온음료 등을 사서 바로 라이딩을 시작했다.

출발할 때 브라이튼에 찍힌 고도를 보니 280m이다. 그런가보다 하고 출발하는데 완만하지만 1~3% 정도의 계속되는 오르막이다. 이렇게 서벽 삼거리까지 대략 13km를 조금 더 달리면 왼편으로 국립백두대간수목원 이 있고 주실령으로 오르는 길도 나온다. 서벽 삼거리에서 계속해서 직진 을 하면 도래기재를 넘어서 영월 방면으로 가는 길이다. 서벽 삼거리에서 도래기재까지는 4.5km 정도 거리이지만, 갔던 길을 되돌아오는 게 싫어 서 다음 라이딩 때 도래기재를 넘기로 하고 주실령 쪽으로 방향을 잡는다.

바로 주실령으로 오르려다가 무척이나 잘 꾸며진 국립백두대간수목원 의 건물과 속속 들어오는 많은 탐방객을 보면서 우리도 수목원 건물에 들

서벽 삼거리에서 수실령으로 가는 길

춘양십승지 이야기와 춘양구곡을 알리는 표지석. 역시 서벽 삼거리에 있다.

어가서 잠시 휴식하기로 했다. 들어간 김에 화장실에도 들렀는데 비데까지 설치되어 있는 걸 보고 적잖이 놀랐다. 요즘 우리나라 공중화장실이 고속도로 휴게소 화장실을 비롯해서 어디를 가나 청결해지고 있는데, 나로서는 무척 반가운 일이다. 청결한 만큼 이용하는 사람들의 마음도 청결해지기를 바라는 마음이다.

다시 페달을 돌리기 시작하는데, 아직은 이날의 라이딩을 시작하는 초반이라 그런지 힘은 들지 않았다. 서벽 삼거리에서 주실령까지는 약 5km. 모든 고개가 다 비슷하듯이 주실령에 오르는 길도 처음에는 경사가 그다지 급하지 않다가 정상에 가까워질수록 급해진다. 나중에는 15%에 육박한다. 15% 정도의 경사는 이제 이력이 나서 그런가보다 하고 생각한다. 물론 힘은 든다. 중간에 자주 쉬기도 한다. 하지만 영주시 부석면 부석사 쪽에서 주실령으로 오르는 경사보다는 서벽 삼거리에서 오르는 경사가 상대적으로 완만하다. 15%의 경사가 완만하다니 무슨 소리일까?

2015년 4월 처음 주실령(780m)에 오를 때는 부석사 쪽에서 올랐는데, 오전약수터를 지나서 주실령이 가까워질 때 앞바퀴가 몇 번이나 들썩들썩 들렸던 경험이 있다. 물론 그때의 자전거와 지금의 자전거가 다르기는 하지만, 아무리 오르막일지라도 앞바퀴가 들릴 때는 나도 모르는 공포감이 느껴지기도 한다. 그 때문에 상대적으로 완만하다는 생각이 드는 것이다. 몸집이 큰 후배는 언제 올라올지 알 수 없는 일이라 혼자서 사진을 찍

국립백두대간수목원은 일반 관람객도 많이 찾는 곳이다.

주실령은 어느 쪽에서 올라도 경사가 급해서 무척 힘이 든다.

표지판에 있는 외씨버선길은 산책객들에게
도 유명하다.

고 주변 백두대간 풍광을 감상하며 휴식을
취한다. 힘들게 올라온 후배는 카메라를 들
이대면 전혀 힘들지 않은 것처럼 한껏 미소
짓는다.

나중에 올라 온 후배와 함께 마구령 방향
을 내려다보며 코스의 난이도가 어떤지 설
명해주며 겁을 잔뜩 주었다. 그래야 마음을
다잡을 게 아닌가? 우리는 좀 더 휴식을 취
하다가 마구령으로 향한다. 주실령에서 마
구령까지는 21km가 조금 넘는 거리이지만,
마구령을 약 5km 앞둔 지점까지는 거의 내
리막이거나 평지이기 때문에 힘든 건 없다.

대신 경사가 급한 곳에서 브레이킹을 잘해야 한다. 후배는 다운힐을 매우
잘하기 때문에 걱정이 되는 건 오히려 나 자신이다. 물론 원숭이도 나무에
서 떨어질 때가 있다는 말처럼 후배도 그럴수록 더욱 조심해야겠지만, 나
는 가속도가 붙는 내리막에서 항상 긴장을 한다.

부석사 입구 매표소와 주차장 근처에서 식사를 할까 하는 생각에 잠시
머뭇거리다가 바로 출발한다. 아침식사를 한 지 세 시간도 채 지나지 않았
기 때문이다. 마구령으로 가는 이정표는 마구령 대신 (영주시 부석면) 남대

리를 표시하고 있다. 이렇게 가다보면 눈앞에 시작되는 오르막길이 보이는데, 왼편을 보니 마침 음료수가 들어 있는 냉장고가 보였다.

부석사 주차장 쪽으로 갔더라면 거기서 마실 걸 샀겠지만, 그냥 지나쳤기 때문에 우리는 여기서 잠시 휴식하면서 음료수를 사 마시면서 업힐 준비와 각오를 다졌다. 자전거길도 마찬가지이지만, 백두대간 종주 라이딩을 하면 제때 식사를 할 수 있는 곳이나 음료수를 구입할 수 있는 가게를 찾기가 무척 어렵다. 그렇기 때문에 특히 여름에는 물통을 두 개 준비하여 하나는 이온음료를 다른 하나에는 물을 챙긴다.

이제 본격적인 업힐을 시작한다. 조금 올라가다보면 버스통행불가라는 작은 표지판이 나타난다. 그 말은 길이 좁아진다는 의미이다. 그렇지만 왕래하는 차량은 버스가 아니어도 생각보다 많다. 어떤 곳은 차량과 자전거마저 교행이 쉽지 않은 구간도 있다. 아직 여름이 물러나기 전이라 피서객이 이 길을 왕래하고, 또 마구령을 넘어가면 아름답고 수려한 풍광을 지닌 김삿갓 계곡을 만나게 되기 때문에 차량이 다른 계절보다는 많은가보다.

경사도 급해진다. 10%를 넘어서는가 싶더니 15%를 쉽게 넘어서는 곳도 있다. 이런 구간에 차량이 지나가면 안전을 위해서 자전거에서 내리는 게 좋다. 길이 넓다면 사정은 다르겠지만, 경사가 급하면 자전거도 일직선으로 곧게 업힐하기가 힘들어서 비틀거리거나 좌우로 길을 왔다 갔다 할수도 있는데, 그럴 때 차량이 지나가면 내리는 편이 서로에게 당연히 안전

하다. 차량이 많게는 다섯 대 정도가 계속 올라가거나 내려간다. 모든 차량이 다 지나갈 때까지 마냥 정지해 있기가 아까워서 잠시 자전거를 끌고 올라가기도 한다.

그렇게 올라가는데 어떤 지점에서는 경사가 20%를 가리키기도 한다. 앞바퀴를 최대한 누르면서 올라가지만, 그럴수록 힘은 더 든다. 이제는 지나가는 차가 없어도 자전거에서 내려서 휴식을 취한다. 다리가 후들거리는 것은 당연한 일이고 호흡도 턱에 차다 못해 호흡곤란이 있을 지경이다. 20%의 경사에서 내렸다가 다시 자전거에 오르기 위해서는 조금이라도 약한 경사의 길을 찾아야 한다. 다른 사람은 모르겠지만 나는 그렇게 한다. 이 길은 경사만 급한 게 아니라 포장 상태도 콘크리트가 갈라진 곳도 있으며 비포장은 아니지만 울퉁불퉁한 곳이 제법 있다.

이전에 두 번 마구령에 올랐지만, 나는 경사가 심할수록 아직도 정상은 멀었는가 하면서 자꾸만 위를 바라보는 습성이 생겼다. 빨리 정상에서 쉬고 싶기 때문이다. 이날도 마찬가지였다. 그렇게 다리의 후들거림과 거친 호흡을 동반하면서도 결국은 마구령(810m)에 도착했다. 마구령에 오르는 길은 주실령과 달리 남대리 쪽에서 오르는 게 상대적으로 더 편하다. 경사도 15% 정도를 넘지 않는다. 하지만 양쪽 방향의 경사도를 전체적으로 봤을 때 백두대간 종주 라이딩을 위한 고개 가운데 가장 난이도가 높은 곳이다. 도로의 상태와 더불어 경사도는 마구령보다 더 험한 곳이 없기 때문이다.

부석사 쪽에서 마구령으로 오르는 길은 백두대간 종주 라이딩 구간 가운데 가장 험난하다.

아직 도착하지 않는 후배를 기다리는데 차량 지붕에 자전거 캐리어가 장착된 승용차가 도착하기에 반갑게 인사를 했다. 자전거는 없었지만, 자전거 캐리어가 장착된 것만 보고도 반가워서 서로 인사를 나눈 것이다. 그들이 출발하고도 시간이 한참 지났지만 후배는 올라올 기미가 보이지 않는다. 그렇게 20분이 넘게 지나서야 후배가 안간힘을 다해 올라오는 게 보인다. 지난 번 라이딩 때 중도에서 포기한 것 때문에 이번에는 어금니가 어스러질 정도로 이를 악물고 올라왔으리라. 인증 사진을 찍어주는데, 역시나 후배는 아무리 힘들어도 즐거운 듯 브이 표시를 하고 있다.

늦게 도착한 후배를 위해서 좀 더 쉬었는데, 덕분에 나는 30분을 넘도록 쉬었다. 이제 오늘은 마지막 고개인 고치령만 넘으면 된다. 그 전에 남대리 쪽으로 다운힐이 이어지는데, 이날은 비는 오지 않았지만 다행히 구름이 제법 드리워져 있어서 생각보다 시원한 데다가 마구령을 중심으로 한 양쪽 방향 모두 숲이 우거져 있어서 더욱 시원했다. 만일 비가 내리고 있었다면 추위를 느꼈을 것임에 틀림이 없다. 마구령과 고치령 간의 거리는 15.5km 정도이다.

마구령을 내려가서 남대교를 지나면서 갑자기 도로가 왕복 4차선으로 넓어진다. 버스통행불가라는 표지가 있는 지점과는 바로 지척에 있다. 그러다보니 왕복 4차선 도로가 어찌 보면 낯설게 느껴지기도 한다. 그 지점이 남대교인데, 남대교에서 935번 도로를 타고 가다보면 고치령으로 가는 지점에 의풍1교가 나온다. 이 거리는 약 6km이며 우리는 여기서 간식으로 몽쉘과 이온음료 그리고 맥주를 한 잔 마셨다. 간식을 먹으며 잠시 휴식을 취한 후에 의풍1교를 지나자마자 왼쪽으로 방향을 틀어서 고치령으로 향했다.

여기서 고치령까지는 약 6.7km이다. 도로 상태가 좋다. 경사도 급하지 않고 그냥 자신의 페이스대로 달리면 된다. 그러다가 왕복 2차선 포장도로가 끝날 즈음에 비포장 임도가 시작된다. 길이는 약 1.3km이다. 비포장이지만 도로 상태는 나쁘지 않으며 중간 지점인 마락 청소년야영장까지 이어진다. 이 야영장 전후로 콘크리트 포장이 조금 이어지다가 다시 비포

고치령으로 가는 도중에 영월군 김삿갓면 의풍리와 영주시 부석면 남대리의 경계 지점에 있는 보호수(소나무)

고치령 가는 길. 여기서부터는 다시 영주시에 속한다는
표지판이 있다.

고치령 가는 길에서 만난 생명수

장 임도가 800m 정도 나온다. 간간히 왕래하는 차량도 있지만, 비포장인
만큼 차량들도 속도를 내지 않고 조심스럽게 다니기 때문에 자전거도 편
안하게 달릴 수 있다.

고치령은 의풍1교에서 출발하여 6.7km인데, 중간에 비포장 임도가
2.1km 있지만 경사는 급하지 않으며 재미있게 올라갈 수 있는 구간이다.
주변 풍광도 마음을 정화해주는 기분이다. 백두대간 종주 라이딩 코스로
보면, 아마 이 구간부터 마지막 진부령까지 계속해서 눈과 마음을 정화해
주는 곳이 아닐까 하는 생각이 든다. 고치령을 얼마 앞두지 않은 지점에
약수 아닌 약수터가 만들어져 있음을 볼 수 있다. 나는 그 전 식당에서 채
워 온 물통의 물을 비우고 이 물을 받아서 가득 채웠다. 그리고 물을 벌컥

벌컥 들이키는 건 당연한 일 아닌가.

어렵지 않게 나는 고치령(760m)에 도착했다. 이정표에는 조금 전에 넘어 온 마구령으로 향하는 등산로 방향을 알리는 표시도 있다. 여기서 나는 또 뒤에 올라오는 후배를 기다린다. 그런데 고치령에 도착해서 보니 주변에 한 무리의 어르신들이 계셨다. 영주에 계시는 친구분들 사이인데, 잠시 소풍을 나오셨단다. 앞 다투어 나의 자전거를 들어보며 하시는 말씀이 "봐라 가볍지!"

사실 내 자전거는 12kg이 넘기 때문에 라이딩 동호인들 사이에서는 무겁다고들 말한다. 하지만 동네 어르신들이 타는 생활 자전거에 비하면 가벼운 건 맞는 말씀이다. 웃으며 이런 저런 이야기를 주고받는데, 나에게 만두와 전을 권하신다. 그러면서 소주도 한잔 권하는데, 조금 받아 마시는 시늉을 했다. 아침 식사를 한 후 중간에 간식을 조금 먹을 걸 제외하고는 먹은 게 없어서 나는 정말 맛있게 만두와 전을 먹었다. 더 권하는 소주를 사양하고는 후배를 기다렸다.

어르신들이 떠나려고 하는 순간 멀리서 올라오는 후배가 보였다. 어르신들은 가지고 가시려던 만두와 전을 후배를 위해 남겨두고는 타고 온 차량으로 영주를 향해 내려가셨다. 후배도 배가 몹시 고프던 차에 만두와 전을 맛있게 먹고는 남은 것을 쇼핑백에 넣어 핸들바에 걸고 영주를 향해 내리막을 달렸다. 업힐은 나보다 힘들게 하는 후배이지만, 다운힐만큼은

이런 이정표는 등산객들에게 길잡이 역할을 한다.

내가 절대로 따라가지 못한다. 다운힐에서 중력 가속도가 붙으면 내가 아무리 빨리 페달을 돌려도 역부족이다. 후배는 또 원래 산을 타는 사람이라 임도나 싱글 길 다운힐은 매우 잘한다. 내가 후배보다 더 잘하는 것은 업힐뿐이다.

이제 고치령에서 영주종합터미널까지만 가면 된다. 고치령에서 단산저수지를 지나서 단산면사무소까지 약 10km는 계속되는 내리막이다. 그동안 힘들게 올라온 데 대한 보상이라고 할 수 있으리라. 단산면사무소에서 영주터미널까지는 약 20km 거리인데 우리는 차량이 별로 다니지 않는 순풍면 쪽으로 달렸다. 거의 평지 수준이지만 나는 앞에서 끌면서 평속 30km 가까운 속도로 달렸는데, 뒤에 오는 후배가 좀 힘들어 하는 게 보였다.

고치령 표지석 앞에는 이런 장승과 성황당도 있다.

영주종합터미널을 약 8km 앞둔 지점에서 나는 소수서원을 생각하며 잠시 방향을 잘못 잡아서 달렸는데 생각보다 멀어서 폰으로 검색을 해보니 방향을 수정해야 했다. 내가 길 안내를 잘못한 것이었다. 그렇게 원래의 지점으로 되돌아와서 보니까 4km를 쓸데없이 달린 셈이 되었다. 조금은 화가 난 후배한테 일부러 큰 소리로 미안하다고 외치고는 다시 영주종합터미널을 향해 힘차게 달렸다.

이렇게 해서 영주종합터미널에 도착한 시각은 오후 6시. 대구로 가는 버스는 6시 20분에 있다. 얼른 승차권을 구입한 후 버스에 자전거를 싣고 버스에 올랐다. 힘들어 죽겠다고 하면서도 우리는 버스에서 잠을 자지 않았다. 아니 잠이 오지 않았다. 너무 피곤해서 그랬던가? 대구에는 저녁 8

시에 도착했고 후배의 집 근처 자주 가는 식당에서 소주를 곁들여 소고기를 구워 먹으며 뒤풀이를 하고 나는 지하철을 이용하여 집으로 갔다.

이번 구간 라이딩을 마치고 이틀 뒤 나의 직장 근처로 점심을 먹으러 온 후배한테 "나는 앞으로는 너에게 백두대간 라이딩하자고 안 할 테니 약속하자"며 새끼손가락을 내밀었다. 그런데 후배는 새끼손가락을 걸고 하자는 약속을 안 하겠단다. 후배는 이미 백두대간 종주 라이딩의 맛을 본 것이다. MTB를 타는 사람들 사이에서 흔히 말하는 산뽕, 즉 산속의 싱글 길 라이딩에 맛을 들이면 마치 마약을 맞은 것처럼 헤어나

춘양터미널~주실령~마구령~고치령~영주터미널 구간 지도

지 못한다는 뜻에서 말하는 산뽕도 있지만, 나는 백두대간 종주 라이딩도 맛을 들이면 헤어나기 힘들다고 생각한다. 4대강 종주나 국토 종주 라이딩은 비할 바가 못 된다. 자신의 능력을 넘어서는 모습을 스스로 보게 되는 과정이며 몸은 완전히 녹초가 되어 있지만, 자신의 정신이 느낄 수 있

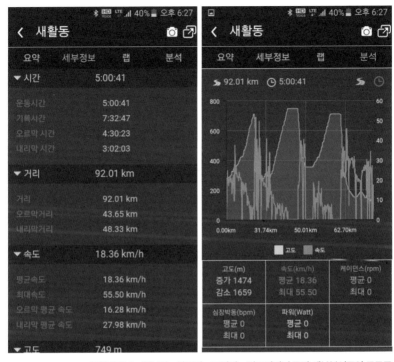

춘양터미널~주실령~마구령~고치령~영주터미널 구간 세부분석표와 고도표

는 성취감은 백두대간 고개를 자전거를 타고 넘어봤을 때만 느낄 수 있는
감정이다. 그래서 나는 두 번째 백두대간 종주 라이딩을 하고 있는지 모른
다. 다음 번 백두대간 솔로 라이딩은 1박 2일로 춘양을 출발해서 두래기재
와 함백산을 넘고 중간의 다른 고개들을 넘어서 강릉까지 달릴 예정이다.

거리 112km | 획득고도 2,581m

춘양시외버스터미널▶도래기재(794m)▶첫째내리고개(790m)▶화방재(어평재,936m)
▶만항재(1,330m)▶함백산(1,573m)▶두문동재(1,268m)▶태백시외버스터미널

올해 여름방학에는 한 번도 1박 2일 라이딩을 한 적이 없었는데, 이번 열한 번째 구간 백두대간 솔로 라이딩은 경상북도를 벗어나서 강원도로 들어서는 데다가 우리나라에서 자전거를 타고 오를 수 있는 가장 높은 곳인 함백산도 포함되어 있어서 1박 2일로 계획했다. 8월 19일 토요일, 지난주와 마찬가지로 대구북부정류장에서 아침 7시 춘양행 버스를 타고 춘양에는 9시 40분이 다 되어서 도착했다. 이 버스는 대구를 출발해서 영주와 봉화를 거쳐서 춘양까지 가는데, 지난주와는 달리 이번에는 영주를 지나면서 집에서 준비해 간 떡 2개로 아침을 내신했다. 조금이라도 시간을 절약하기 위함이었다. 라이딩 시작은 9시 40분경.

춘양터미널에서 서벽 삼거리까지 13.5km는 지난주 주실령으로 가는

것과 같은 길이다. 완만한 오르막길을 따라 서벽 삼거리까지 13.5km 정도를 달리고 백두대간국립수목원의 비데가 설치된 화장실에서 조금이라도 몸무게를 줄였다. 하지만 제 아무리 몸무게를 줄여 봐도 이미 무거울 대로 무거운 자전거와 배낭은 어찌할 도리가 없다. 장거리 라이딩에 편하도록 장착한 TT바가 있고 야간 라이딩에 대비해서 라이트 2개, 브라이튼 속도계, 폰거치대, 블랙박스 웹캠, 수통 하나와 공구통까지 포함하면 자전거 무게가 못해도 13kg은 족히 된다. 게다가 숙박에 대비해서 갈아입을 옷가지, 계속해서 비가 내린다는 일기예보를 보고 혹시라도 펑크가 연거푸 나면 교체할 튜브도 2개를 준비했다.

결과적으로 보면, 함백산 정상으로 올라가는 길, 한여름 가뭄에 거북등처럼 쩍쩍 갈라져 있는 길을 오르면서도 다행히 펑크는 나지 않았지만, 튜브를 두 개씩이나 준비한 것이 휴대품의 무게만 늘인 게 되었다. 맑은 날 펑크가 난다면 튜브를 교체하고 펑크 난 튜브는 패치로 때우면 되지만, 비가 내리면 그게 불가능하기 때문에 튜브를 2개 준비한 것이었다. 혼자 시외 장거리 라이딩을 한다면 이 또한 어쩔 수 없이 필수로 준비해야 할 것들이다. 불의의 사고는 언제 어디에서 발생할지 예측할 수 없는 일이기 때문이다. 게다가 혼자서 급한 볼일이 생기면 사용해야 할 자물쇠와 여분의 먹거리와 물 한 병 등등, 배낭 무게도 만만치 않았다. 어찌하겠는가, 이미 많은 경험 끝에 무거워도 준비할 건 해야 하기에 각오는 했지만, 획득고도가 2,581m였으니 그 힘듦은 글로 다 표현하지 못한다. 그래도 이런 라이딩은 즐겁고 행복한 일이다. 힘들면 힘들수록, 그래서 목표한바 라이딩을 마쳤을 때 나 스스로가 살아있음을 절절하게 느끼기 때문이다.

서벽 삼거리에서 도래기재까지는 약 4.5km이고 경사도 급하지 않아서 큰 무리 없이 올라갔다. 첫 번째 백두대간 종주 라이딩 때는 영주를 출발하여 고치령과 마구령, 주실령을 넘고 도래기재에도 올랐다가 다시 되돌아 내려와서 춘양시외버스터미널까지 달려서 대구행 버스를 탔다. 이번에는 단순히 도래기재에 오르기만 하는 것이 아니라 도래기재에서 영월군 김삿갓 계곡 쪽으로 내려가서 화방재를 거쳐 함백산으로 갈 계획을 세웠다. 도래기재(794m)에는 백두대간 표지석이 없어서 백두대간 종주 라이딩을 하는 나로서는 서운한 감이 없지 않았다. 표지판 바로 옆에 있는 계단은 백두대간 등산로인데, 계단 뒤편 나무에는 산악회에서 다녀간 흔적을 매달아 놓은 게 많이 있다. 잠시 사진을 찍고는 바로 김삿갓 계곡 쪽으로 달려 내려간다.

먼저 만나게 되는 마을이 우구치 마을이고 계곡 이름도 우구치 계곡이다. 한창 뜨겁던 여름이 지나서인지 우구치 계곡에는 피서객이 보이지 않는다. 그리디보니 진짜 첩첩산중이라는 느낌이 든다. 백두대간 고갯길 중에서는 가장 깊은 곳이 아닐까 하는 생각이다. 느낌이 그렇다는 말이다. 이런 곳에 한여름 폭우가 내리거나 한겨울 폭설이 내린다면 꼼짝달싹하

등산로 안내와 함께 되어 있는 도래기재 표지판　　첫째내리고개를 넘기 위해서는 이런 경사를 이겨내야 한다

지 못하고 갇혀버릴 것 같다. 낮 시간이 아닌 밤중이라면 차를 몰고 가더라도 등골에 식은땀이 저절로 흐르지 않을까? 그런데 이런 곳에도 사람들이 살고 있다. 내가 이런 곳에 산다면 마치 도 닦는 기분이 들 것도 같다.

　이곳을 지나면 얕은 고개가 하나 있는데 둘째내리고개이다. 얕은 고개라고 해서 해발고도 자체가 낮은 것은 아니며, 오히려 도래기재를 출발하여 잠깐의 다운힐 뒤에 이 고개를 만나게 되기 때문이다. 그러다가 다시제법 높은 고개를 만나게 되는데 그 이름이 첫째내리고개(790m)이다. 이고개는 지도상에 정확하게 높이가 나오지 않지만, 등고선을 비교해보면도래기재와 높이가 거의 같음을 알 수 있다. 이번 라이딩 계획상 첫째내리

고개를 그냥 지나치지만 얼마 더 가지 않아서 결국 자전거에서 내리게 되었다. 김삿갓면임을 알리는 삿갓 석상과 조형물 사진을 찍기 위해서이다.

　그리고 얼마 지나지 않아서 다시 한 번 자전거에서 내렸다. 아래로 내려다보이는 도로는 까마득하게 보이며 아찔한 생각이 든다. 내가 이 길을 내려가니 망정이지 만일 거꾸로 올라온다면 어떨까? 경사가 상당히 급한데다 굽이굽이 헤어핀이 아름답다는 느낌이 아니라 무섭게 보인다. 하긴 경사가 급할수록 일직선으로는 도저히 길을 닦을 수가 없을 테니 당연히 굽이굽이로 길을 닦을 수밖에 없었을 것이다. 다운힐하면서 브라이튼을 보니까 경사도가 18%를 넘어가고 있었다.

칠룡교~화방재 사이에 있는 제비바위

이곳 첫째내리고개에서 5km 남짓, 그러니까 도래기재를 기점으로 약 18km 정도를 내려오면 칠룡교가 있는데, 이 다리에서 왼쪽으로 가면 김 삿갓면을 거쳐서 영월로 가는 길이고 오른쪽으로 가면 화방재를 거쳐서 태백으로 가는 길이다. 나는 자전거의 핸들을 오른쪽으로 돌렸다. 칠룡교에서 화방재까지는 33km인데, 처음부터 끝까지 오르막이라고 보면 된다.

지도의 등고선으로 짐작해보면 칠룡교의 해발고도가 250m 내외니까 936m 높이의 화방재까지 700m 정도의 높이를 33km를 달려서 올라가는 것이다. 경사가 아무리 완만하더라도 33km를 올라간다는 것은 결코 쉬운 게 아니다. 칠룡교를 지나 화방재 방향으로 달리는 31번 도로 오른편으로 흐르는 냇물은 옥동천이다. 요즘 강원도 지역에 며칠 째 계속 비가 내린 탓에 물이 맑지는 않지만, 그래도 물가를 달린다는 기분은 한껏 좋다. 게다가 아직 크게 힘들지도 않으니까 말이다. 그래도 도중에 제비바위 옆 정자에서 잠시 휴식을 취한다.

휴식하는 동안 발을 내려다보며 사진을 한 장 찍었다. 클릿샌들이다. 이 지역에 비가 내린다는 일기예보와 함께 내일도 거의 종일 비가 온다는 예보를 보고 클릿샌들을 신고 라이딩을 한다. 힘 전달력은 일반 클릿슈즈보다 못하지만, 빗속 라이딩을 여러 번 경험해본 결과, 이미 비는 그쳤지만 양말을 신은 발이 계속 젖은 채로 있는 게 너무나 싫었다. 그래서 거금을 들여서 클릿샌들을 구입했는데, 아내에게서 잔소리를 제법 들었다. 아내가 자전거를 타지 않는 사람이라 아무래도 이런 상태에 대한 이해가 부

우중 라이딩을 대비하여 클릿샌들을 신었다.

족해서 그랬을 거라고 생각한다. 어쨌건 발이 시원하고 바로 물에 들어갈 수가 있어서 매우 만족한다.

칠룡교를 출발해서 23km를 조금 더 달린 지점, 영월 상동의 편의점에서 목을 축이면서 브라이튼을 봤다. 아직 화방재까지는 약 10km가 남아 있지만 기온이 20도를 가리키고 비가 한두 방울씩 떨어지기 시작한다. 비옷을 입을까 말까 한참을 망설이다가 폰에만 비닐을 씌워서 그냥 달린다. 이 지점까지는 경사가 4~5% 정도로 완만해서 달리기에 딱 좋다. 비도 몇 방울씩만 떨어지기 때문에 비옷을 입으면 업힐하면서 땀을 많이 흘릴 것이라서 입지 않았다.

거의 모든 고개가 그렇듯이 정상이 가까워질수록 경사는 점점 심해진다. 이제 경사는 7~8% 정도를 나타낸다. 이 정도의 경사도 어렵지 않게 달릴 수 있다. 갈수록 경사가 심해지는 걸로 봐서 화방재가 더욱 가까워진 모양이다. 마침내 표지판이 보인다. 왼쪽 38번 도로가 고한 방면임을, 직진하면 31번 도로를 따라 태백시청을 거쳐서 이후에는 35번 도로와 연결되어 동해로 가는 길이다. 35번 도로는 내일 삼척으로 달려갈 길이다. 춘양을 출발해서 70km를 달린 끝에, 칠룡교에서부터는 33km 업힐을 한 끝에 마침내 화방재(936m)에 도착했다.

나는 이번으로 화방재에는 세 번째 올라온 것이다. 그런데 세 번 모두 출발지점이 다르다. 이번은 춘양에서 출발하여 영월 쪽에서 올라왔고, 첫 번째는 고한-사북공용버스터미널에서 라이딩을 시작하여 414번 도로를 따라 정암사 앞을 지나서 함백산에 올랐다가 만항재로 내려와서 화방재를 경유하여 마구령을 넘고 영주까지 달렸을 때였다. 그때는 사실 만항재도 화방재도 모두 자전거를 탄 채 지나쳐서 계속 달리기만 했다. 두 번째는 태백시외버스터널을 출발점으로 하여 봉화 방면 35번 도로를 따라 달리다가 상장 삼거리에서 우회전해서 31번 도로를 타고 화방재를 거쳐서 만항재와 함백산, 두문동재까지 넘었을 때이다.

화방재로 오르는 길은 이 외에도 하나 더 있는데, 그건 서학로를 따라 O2리조트와 태백선수촌 앞을 지나고 만항재를 거쳐서 화방재로 가는 길이다. 이 가운데 화방재로 오르는 가장 쉬운 코스는 태백시외버스터미널을 출발점으로 유일사 입구를 거쳐서 화방재로 오르는 길이다. 다른 코스로 달린다면 업힐 거리가 길거나 1,330m의 만항재를 먼저 넘어야 되기 때문에 훨씬 더 힘이 든다. 그런데 태백시외버스터미널에서 상장 삼거리를 거쳐서 화방재로 오르는 코스는 14km의 거리이며, 태백 자체의 해발고도가 약 700m이기 때문에 936m인 화방재까지 높이로는 250m도 채 오르지 않아도 되는 수월한 코스이다. 그렇기 때문에 이 코스를 달려보면 누적 쉽고 새미있는 업힐이라고 느낄 것이다.

하지만 이번 코스로 달려서 화방재에 도착하여 브라이튼을 보니 증가고도가 이미 1,454m이다. 태백에서 화방재까지의 증가고도가 236m라

화방재 고도가 936m인데, 브라이튼의 고도 표시가 정확하지 않아서 화가 나지만 어쩌겠는가?

고 한다면 이번에는 약 6배 이상을 업힐한 것이다. 지금까지 달린 열 번의 구간을 평균해보면 보통 획득고도가 1,500m인데, 이걸로 보면 나는 이미 화방재까지 평균적인 라이딩을 한 셈이다. 화방재花房嶺는 일본식 고개 이름이라고 한다. 그 때문에 태백시는 화방재를 어평재御坪峙라는 명칭으로 변경하려 하는데, 이 명칭은 500년 전 조선시대 때부터 불러온 고유 명칭이라고 한다.

하지만 나는 여기서도 어평재건 화방재건 간에 표지석이나 표지판을 보지 못한 채 고한 방면 414번 도로를 따라 달리기 시작한다. 화방재에서 만항재까지는 8km가 조금 넘는다. 특히 처음 5km 정도는 경사가 극히 완만해서 마치 평지를 달리는 듯한 착각이 들기도 한다. 도로는 군데군데 젖어 있고 산에서 흘러 내려오는 물이 도로를 타고 흘러서 몸을 제법 많이 적셔준다. 차량도 거의 없는데다가 경사도 완만해서 날씨만 맑다면 함백산과 태백산 주변의 푸르디푸른 풍광으로 육체의 눈과 마음의 눈을 한껏 정화하면서 달릴 수 있을 텐데 그러지 못한 진한 아쉬움을 지닌 채 계속 달린다.

어평재라는 다른 이름을 갖고 있는 화방재(936m)

그러다가 급격한 헤어핀 지점 삼서리를 만나게 되는데 왼쪽으로는 장산 등산로이고 오른쪽은 고한, 만항재로 가는 길이다. 화방재를 출발해서 여기까지는 5km 정도의 거리이며 경사도는 1~3% 정도였지만, 이 지점에서부터는 경사가 급해진다. 이후 만항재까지 3km 남짓한 구간은 7~8%의 경사를 보이는 게 대부분이지만 10% 내외의 경사도 자주 나타난다. 증가고도 1,500m를 넘어서면서 나도 점점 지쳐갔다. 구름이 잔뜩 끼어 있어서 주변의 풍광이 구름에 묻혀 있는데도 나는 폰카메라에 풍광을 담는다는 핑계로 자전거에서 내린다. 뒤도 한번 돌아보고 산 아래 골짜기를 바라보며 사진도 찍어본다. 힘들게 만항재에 오르다보면 만항재 바로 앞에서 남쪽으로 깊은 골짜기를 품은 산들이 보인다. 만항재 정상 100m

왼쪽 끝 급 헤어핀 지점을 지나면서 경사가 급해진다. 만항재까지 남은 거리는 3km 정도

앞이다. 천천히 자전거를 끌고 가며 사진도 찍고 다리의 피로도 풀어준다.

마침내 만항재(1,330m)에 도착했다. 이번이 세 번째 만항재 라이딩이다. 2014년과 2015년 그리고 이번이다. 만항재는 우리나라에서 차를 타고 오를 수 있는 가장 높은 고개이다. 만일 동해 바닷가에서 차를 타고 출발하여 당일로 만항재에 오른다면 해발고도 0m에서 출발하여 1,330m 높이까지 오르는 것이다. 또 촛대바위가 있는 추암해수욕장을 출발점으로 삼아서 내가 내일 넘으려고 하는 댓재(810m)를 경유해서 만항재까지 오른다면 약 70km 거리를 달려서 1,330m의 높이를 올라가는 셈이다. 이런 라이딩 코스도 무척 큰 의미를 줄 것이다. 이런 데까지 생각이 미치다보면 라이딩 도중에 새로운 코스가 머릿속에 그려지고, 결국 나는 그런 코스를 스스로 개척해서 달리고야 만다.

많은 라이더가 함백산까지는 오르지 못해도 만항재에서 사진을 찍어 간직하는 경우가 많다. 함백산은 MTB라면 문제없지만 로드 사이클을 타고는 오를 수 없는 도로 상황이기 때문이다. 그렇지만 그들 대부분은 자전거를 끌고라도 함백산 정상에 올라서 바로 옆에 있는 태백산을 내려다보면서 성취감에 젖는다. 함백산은 우리나라에서 자전거를 타고 오를 수 있는 가장 높은 곳인데다가 태백산보다 6m가 더 높기 때문이다.

만항재 표지석 옆으로 나 있는 길은 소위 말하는 '운탄고도'이며 비포장 임도인데 대표적으로 예미역까지 라이딩을 많이 한다. 나도 아직 운탄고도는 달려보지 못했다. 꼭 달려봐야지 하면서도 아직 못 달려봤는데, 산과 임도를 잘 타는 후배를 잘 구슬려서 운탄도고만 함께 달려볼 생각이다. 이번에도 아쉬움을 뒤로할 수밖에 없다. (이 글을 다듬고 있는 현재는 결국 운탄고도를 달려본 이후이다. 지난 10월 14일에 태백선수촌을 출발점으로 함백산에 올랐다

만항재에서 화방재 쪽으로 보이는 울창한 숲

우리나라에서 자동차로 오를 수 있는 가장 높은 고개 만항재

운탄고도 출발

만항재 표지석 옆에 있는 이정표

가 만항재를 거쳐 함백초등학교까지 50km를 달리고야 말았다.)

만항재에서 다시 음료수로 갈증을 달래고 다시 브라이튼을 보니 현재
까지 증가고도가 1,788m이다. 만항재와 함백산의 표고 차는 243m이다.
평균속도가 줄어들수록 증가고도와 거리는 늘어난다. 그만큼 몸도 점점
지쳐간다는 반증이기도 하다. 만항재에서 300m 떨어진 곳에 태백선수촌
으로 가는 오른편 길과 고한으로 가는 왼편 길이 나누어진다. 살짝 내리막
의 탄력을 받아서 올라가보려고 하지만 이제는 힘이 든다. 기어를 최대한
가볍게 하여 올라가면서 페이스를 조절한다. 1.5km를 달리면 함백산 등
산로 입구가 나오는데, 이전 두 번의 라이딩과는 달리 이번에는 여기까지
도 힘들게 왔다. 여기서부터 함백산 정상까지는 약 2km. 입구에는 바리
케이드가 설치되어 있지만 지키는 사람은 아무도 없다.

2016년 8월에 함백산 정상 일대가 국립공원으로 지정되었지만 관리소
도 없고 관리원도 없다. 입구에 무엇을 금지한다는 플래카드가 여러 개 걸
려 있지만 전화를 해서 물어봐도 산불위험기간을 제외하고는 자전거 통
행이 가능하단다. 그런데 왜 이런 플래카드를 걸어놓았을까? 이미 힘은
빠질 대로 빠져 있다. 길이 좋은 곳에는 자전거를 타고, 그렇지 않은 곳은
무리하지 않고 내려서 끌고 간다. 함백산에 올랐다가 다운힐한 후에 다시
두문동재를 넘어야하기 때문이다.

빨래판을 넘어서 거북등 같은 길이다. 이런 길에 잘못하면 타이어의 옆

이 바리케이트 옆으로 자전거를 끌고 가면 된다.

함백산 입구에서 볼 수 있는 표지판들

함백산 정상에 오르는 길. 눈비를 대비해서 일부러 길을 이렇게 만든 것 같다.

면이 터져 버리거나 바퀴가 끼어서 낙차 사고를 당하기 쉽다. 자전거를 끌고 타고를 반복하며 드디어 함백산(1,573m) 정상에 올랐다. 나는 함백산을 나의 라이딩에서 성지로 여기고 있다. 우리나라에서 자전거를 타고 (또는 끌고라도) 오를 수 있는 가장 높은 곳이다. 지난 두 번은 함백산에 왔을 때 날씨가 좋고 맑아서 주변의 풍광을 한눈에 감상하며 사진을 남겨놓았다. 1,100m 고지에 건설했다는 태백선수촌도 한참 내려다보이는 곳이다.

이런 함백산에 자전거를 타고 온 게 이번이 세 번째이다. 올해 백두대간 종주 솔로 라이딩을 계획하는 동안에도 제일 가슴 설레게 한 곳이 바로 함백산이었다. 태백산보다 6m가 더 높다. 나는 아직 태백산에 올라본

함백산에 대해 자세히 적어놓은 표지석

함백산 정상 표지석. 태백산보다 6m가 더 높다.

적이 없다. 그런 내가 함백산에는 세 번이나 자전거를 타고 올랐다. 앞으로 몇 번을 더 함백산에 오게 될지 아직은 모르겠다. 주변이 온통 안개로 자욱하다. 정상 표지석에서 자전거를 세워둔 지점까지의 거리가 50m도 채 되지 않는데 흐릿하다.

이제 함백산 정상에서 11km 정도를 달려 내려갈 것이다. 오늘의 마지막 고개인 두문동재로 가는 길이다. 도중에 만항 야생화공원과 만항마을도 있고 정암사라는 고찰도 있다. 처음 함백산에 라이딩 왔을 때는 고한-사북공용터미널까지 대구에서 버스를 타고 와서 곧바로 정암사 입구와 만항마을 거쳐 함백산에 올랐는데, 그때는 라이딩을 본격적으로 시작한 지 몇날 지나지 않았을 때였기 때문에 무척이나 힘들었던 기억이 생생하다. 그런데 이번에는 지금까지의 증가고도와 거리 때문에 또 무척 힘이 든다. 시간이 여유롭다면 한나절은 여기서 머물면서 보내고 싶은 곳이다. 아니 한여름 뜨거운 날 휴가를 이곳에서 보낸다면 딱 좋은 곳이다. 그렇지만 라이딩을 하는 나는 이번에도 사진만 찍고 가던 길을 재촉한다.

함백산에서 11km나 다운힐해서 내려가면 상갈래 교차로가 나오는데, 이곳에서 우회전하면 오르막이 시작된다. 곧장 가면 고한-사북공용터미널이 나오며 그 전에 하이원 리조트를 지나야 된다. 11km나 내려왔으니 그 높이는 얼마나 될까? 사실 또 업힐 해야 되는 걸 생각하면, 약간의 다운힐만 하고 바로 두문동재로 올라갈 수 있다면 좋겠지만, 길이 그렇지 않은 걸 원망해도 소용없다. 상갈래 교차로에서 두문동 재까지 남은 거리는 약 6.5km. 우선 3.5km 정도는 편도 3차선 도로의 갓길을 이용해서 올라가야 되는데, 이번 라이딩 구간 중에 차량 통행이 가장 잦다. 나는 반사조끼까지 입고 최대한 갓길로 하여 차량에 불편을 주지 않고 올라가려고 애를 썼다.

그런데 잠시 쉬었다가 자전거에 오르는 순간 갑자기 왼쪽 종아리에 쥐가 올라오는 게 아닌가. 깜짝 놀라서 얼른 자전거에서 내렸다. 브라이튼을 보니 지금까지 라이딩한 거리는 95km이고 증가고도는 2,200m가 표시되어 있다. 거리가 문제가 아니라 결국 증가고도가 문제였던 것이다. 얼른 오메가3 3개와 마그네슘 1개를 먹었다. 가만히 생각해보니 그 이전까지 먹은 거라곤 떡 3개, 음료수 3병, 마그네슘 1알, 오메가3 3알, 파워젤 몇개가 전부였다. 쥐가 날만도 하다는 생각이 들었다. 두문동재에 올라서 확인해본 증가고도와 거리를 보면 쥐가 날려고 했던 지점에서 아직 5km의 거리와 377m의 높이를 더 올라가야 하는 것이었다. 잠시 쉬면서 종아리를 최대한 달래서 다시 자전거에 올랐지만 이제는 다

만항 야생화마을(위)과 정암사 일주문(아래)

두문동재는 고한 쪽에서만 자전거를 타고 올라갈 수 있다.

리에 힘을 주는 게 겁난다. 지금까지 라이딩 하면서 나는 다리에 쥐가 난 경험을 한 적이 한 번도 없었다. 그러니 겁이 날 수밖에 없지 않겠는가?

구름이 잔뜩 끼어서 날도 빨리 어두워지고 있었다. 두문동재 삼거리에서 옛길을 따라 두문동재로 오르기 시작하니까 조금 안심이 되었다. 일단 통행하는 차량이 거의 없으니 마음이 편해졌다. 마치 비가 오는 것처럼 도로에는 물이 계속 흐르고 있었다. 경사가 급한 곳에서는 당연히 내려서 자전거를 끌다가 다시 경사가 완만해지면 타기를 반복했다. 완만한 경사라고 해도 5~7%는 되었지만 기어 비를 최대한 가볍게 했기 때문에, 다행히 더 이상 쥐가 나지 않은 상태에서 끝까지 오를 수 있었다.

마침내 두문동재(1,268m), 여기는 두 번째 온 것이다. 시각은 오후 6시 30분을 넘기고 있었다. 몇 미터 앞이 잘 보이지 않을 정도로 끼어 있는 안개비 때문에 사진도 제대로 찍기가 힘들었다. 렌즈에 습기가 차면 더욱 그러하니까 조심스러웠다. 기온은 15도까지 떨어졌다. 갑자기 개 짖는 소

곰문동재에서의 브라이튼. 고도는 90m 정도 차이가 난다.　　　　이제 이런 길을 내려가야 하기 때문에 무섭기도 했다.

리가 들리더니 풍산개 닮은 흰색 개 한 마리가 뛰어와서 라이딩을 방해
한다. 주변 휴게소에 주인이 있는 것 같은데 한참을 짖고 난 후에야 나와
서 개를 불러 간다. 빨리 달릴 수도 없는데 큰 개가 나타나면 정말 당황스
럽고 조심스럽다. 15도까지 떨어진 기온에다가 안개비까지 내리고 있어
서 배낭에서 비옷을 꺼내 입었다. 후미등을 3개나 켜고 전조등은 깜빡이
로 설정했다. 혹시나 해서 블랙박스 동영상 촬영도 시작했다. 태백시외버
스터미널 근처 모텔이 많은 곳까지 10km 조금 더 달리면 되는데, 다행인
건 내리막이라는 점이다. 하지만 안개비만 아니었으면 우리나라 역 중에

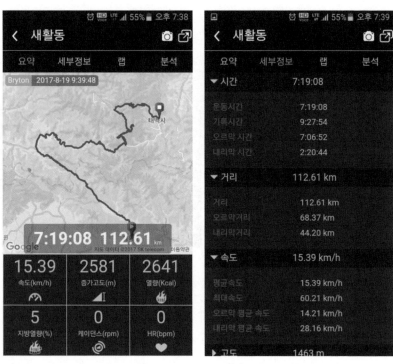

춘양터미널～화방재～만항재～함백산～두문동재～태백터미널 구간 지도와 세부분석표

서 제일 높은 곳에 위치한 추전역(855m)에도 가볼 생각이었지만, 몸도 지쳐 있고 안개비에 어둡기까지 해서 결국 포기하고 곧장 태백시외버스터미널까지 달릴 수밖에 없었던 상황이 아쉬움으로 남는다. 미리 예약을 한 건 아니었지만, 본격 휴가철이 지난 시점에 날씨도 좋지 않아서 빈방을 쉽

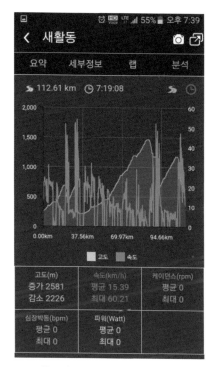

고도표를 보면 이 구간의 난이도를 짐작할 수 있다.

게 찾았다. 방에 자전거를 넣어 두고 씻지도 않고 끼니를 때우러 나와서는
소고기만 먹었다. 소주 한 병과 함께.

12

열두 번째 구간

거리 60km | 획득고도 500m

태백시외버스터미널 ▶ **삼수령**(935m) ▶ **건의령**(835m) ▶
댓재(810m) ▶ **삼척종합버스터미널**

　백두대간 강원도 지역 리이딩 둘째 날, 그러니까 태백시외버스터미널 근처 모텔에서 숙박하고 난 다음 날 2017년 8월 20일 일요일 새벽 5시가 조금 넘어서 눈을 떴다. 알람을 6시 20분에 맞추어 두었지만 눈을 뜨고 나니 라이딩 생각밖에 들지 않는다. 우선 날씨가 제일 궁금해서 창문을 열어봤다. 아직 어두워서 제대로 알 수가 없다. 대충 차려 입고 밖에 나가는데 약한 빗방울이 떨어졌다. 그대로 편의점에 가서 도시락과 이온음료를 사서 방에 들어왔다.

　비가 많이 오면 라이딩을 포기하고 태백에서 그대로 대구행 버스를 탈 생각이었지만, 비는 부슬부슬 내리는 수준이었고 일기예보를 보니 시간당 1mm 수준이라 그대로 라이딩을 강행하기로 결정하고 도시락을 먹었

무게가 얼마나 될까? 여기에다 배낭까지 메고~

다. 전날 해놓은 빨래를 걷어서 마른 수건으로 최대한 물기를 제거하여 입
고 비옷도 입었다. 짐을 다 챙겨서 숙소를 나왔을 때가 아침 6시 40분 정
도였다.

태백시외버스터미널에서 삼수령(피재)까지는 6km가 조금 넘는다. 한
강 발원지 검룡소 방면으로 가기만 하면 되는 길이며 35번 도로를 따라
가는 길이다. 38번 도로에서 검룡소 방면으로 우회전하면 곧바로 오르막
이 시작되는데, 태백시외버스터미널을 벗어날 때는 약한 내리막이라서
몰랐지만, 오르막이 시작되니까 왼쪽 무릎 뒤 오금 부분이 당겨오면서 저
릿하다. 힘을 주기가 어렵다. 어제 2,581m를 업힐하느라고 무리한 결과

임이 분명했다.

벌써 걱정이 되었다. 대구로 돌아갈 생각을 하며 삼수령과 건의령터널 그리고 댓재만 넘고 삼척으로 가서 아마추어 업힐의 제왕이신 김팔용 선생님이 경영하시는 옥류관에서 점심을 먹은 후 대구행 버스를 탈 예정으로 출발한 라이딩이었다. 그런데 1km도 가기 전부터 오금이 당겨져 오는 것이다. 게다가 비까지 부슬부슬 내리고 기온은 17도를 가리키니 걱정이 앞서기 시작했다.

삼수령까지 500m가 남았음을 알리는 표지판

최대한 기어 비를 가볍게 해서 천천히 올라가면서도 마음속으로는 갈등을 계속했다. 지금이라도 돌아가면 태백에서 아침 7시 40분 버스를 타고 대구로 갈 수 있는데 하는 생각이 컸다. 그런데도 자전거는 계속해서 삼수령을 향하고 있었다. 그래 까짓것 가는 데까지 가보자 하는 심정으로 그냥 올라간다. 태백 자체의 해발고도가 높기 때문에 표고차가 235m 정도 나는 삼수령까지 6km로 잡더라도 경사는 완만한 편이니까 갈 수 있을 거야 하는 생각으로 천천히 업힐을 했다.

간간히 차량이 왕래하는 가운데 삼수령이 500m 남았다고 알려주는

삼수령 표지석 왼편으로는 매봉산 바람의 언덕으로 올라가는 길이 있다.

표지판을 지나서 얼마 가지 않았는데 저 앞에 갑자기 개 두 마리가 출현했다. 가슴이 덜컥 내려앉았다. 누런색을 띠고 비를 맞으며 어슬렁거리는 것으로 봐서 들개화 된 유기견이라는 생각이 들어서 정말 겁이 났다. 자전거를 세웠다. 또 다시 태백시외버스터미널로 돌아갈까 하는 생각을 하지 않을 수 없었다. 다행인 건 개가 나를 향해 오는 게 아니라 삼수령 쪽으로 올라가는 것이었다는 사실이다. 나는 제발 많은 차량이 오기를 속으로 빌었다. 그래야 개들이 위협을 느껴서 도망갈 게 아닌가? 차량이 드문드문 다섯 대 정도 지나가니까 아니나 다를까 들개들이 재빨리 도망가는 게 보였다. 나도 더 천천히 페달을 돌리며 올라갔다. 놀란 가슴을 쓸어내리며

어찌 보면 겨우 삼수령(935m)에 도착한
셈이다.

삼수령 맞은편에는 바람의 언덕, 풍
차의 언덕으로 올라가는 길이 있지만
지난 번 때와 마찬가지로 이번에도 가
보지 못하고 그대로 건의령으로 달린
다. 이제 태백으로 다시 돌아갈 생각은
접었다. 오르막에 올라왔으니 이번에는
내리막을 내려가면 되기 때문이었다.

건의령 옛길은 폐쇄되었다.

하지만 왼쪽 다리도 조심해야 되고 무엇보다 비가 내리기 때문에 미끄러
지지 않도록 특히 조심해야 했다.

삼수령에서 건의령터널까지 거리도 6.5km 정도니까 도착하는 시간은
금방이다. 건의령의 높이는 835m이니까 삼수령보다 100m가 낮다. 그러
니 다리가 아프기는 해도 어렵지 않게 달릴 수가 있었다. 아주 완만한 내
리막을 달리는데 오른쪽 다리만으로 외발 페달링을 해도 될 정도이다. 그
렇다고 외발 페달링만을 한 건 아니다. 건의령터널을 약 1km 정도 앞둔
지점에서 도계 방면으로 우회전을 하면 되는데, 거기서 터널까지 거리가
800m 정도라서 업힐에 무리가 되지는 않았다.

건의령 옛길을 그대로 살려놓지 않아서 실질적인 건의령에 올라가지

달리는 동안 주변의 산야는 계속 이런 모습으로 보였다.

못한 것이 많이 아쉽지만, 터널 앞에서 인증샷을 찍는 것으로 대신한다.
비가 내리는 것 때문에 폰에 비닐을 씌웠지만 사진을 찍기 위해서 꺼낼
때마다 빗물이 묻는다. 브라이튼도 습기 때문인지 코스 거리와 평균 속도
는 제대로 표시되는데 경사도는 완전히 불량이 되어버렸다. 터널 쪽으로
올라가는 길에 경사도 13%를 나타내는 표지판이 있지만, 브라이튼에는
기껏해야 2%가 표시되고 있다. 고도와 증가고도도 마찬가지로 엉망이다.
고글에도 습기가 차서 앞이 제대로 보이지 않아서 클립을 위로 들고 도수
안경만으로 달린다.

　삼수령과 건의령에 올랐으니 이제 오늘 라이딩에서 남은 고개는 댓재

뿐이다. 댓재까지 거리는 19km가 조금 안 된다. 다리도 아프고 시간도 넉넉하기 때문에 절대로 무리하지 않게 달린다. 건의령터널에서 12km를 가면 숙암 삼거리가 나오고, 거기서 동해, 미로 방면으로 우회전해서 7km 정도만 더 달리면 댓재이다. 도중에 시골 버스정류소에 들어가서 휴식을 취하며 추위를 달래보기도 한다. 기온이 17~18도를 넘어서지 않는 데다가 비도 내리고 있어서 특별히 보온에 신경 써야 한다. 강릉 지역에 사는 분께 이번 라이딩을 출발하기 전에 물어봤는데, 이 지역에 일주일 넘도록 매일같이 많은 비가 내리고 있다고 했다. 그래서 그런지 도로에는 빗물에 쓸려 내려온 흙이 많았다. 심하지는 않았지만 흙탕물이 자전거와 배낭은 물론이고 옷에까지 튀어 오르지만, 추위와 아픈 다리 때문에 전혀 신경 쓰지 않았다.

중간에 약한 오르막 내리막을 지나서 역시 어렵지 않게 댓재(810m)에 도착했다. 날씨가 맑고 컨디션이 정상이라면 태백에서 삼수령과 댓재를 넘어서 동해나 삼척의 바닷가까지 60km를 달리거나 왕복을 하기에는 아주 좋은 라이딩 코스임에 틀림없다. 날이 쾌청하면 댓재에서 동해가 보일 정도이다. 이번이 댓재에 두 번째 온 것인데, 첫 번째 왔을 때는 정말 동해를 봤고 또 동해 바닷가에서 찍은 사진을 직장 동료가 폰의 배경화면으로 사용할 정도였다.

이제는 댓재에서 신나게 내려가기만 하면 된다. 그런데 다운힐을 시작

댓재 표지석 주변에는 이렇게 많은 이정표와 표지판이 있다.

하는데 전혀 신나는 게 아니었다. 백두대간을 넘어서 그런지 빗줄기도 조금은 더 세졌다. 첫 번째 댓재에 왔을 때는 멀리 동해를 바라보며 정말 신나게 달렸지만, 이번에는 내리는 비 때문에 속도는 물론이고 미끄러지지 않도록 최대한 조심하면서 내려갔다. 그런데 기온이 18도 정도인 데다가 비를 맞으며 다운힐을 하니까 체온이 점점 떨어짐을 느꼈다. 설상가상으로 손가락에 감각이 점점 없어지고 있었다. 클릿샌들을 신었지만 발은 괜찮았다. 그래도 내리막이니까 달리는 데까지 달려볼 생각으로 계속 내려갔다. 브레이크 잡는 손가락을 계속 보면서 손가락이 움직이는지 어떤지를 주시하면서 내려갔다. 내려가는 중간에 농가를 제외하고는 그 어떤 가게도 파출소도 주유소도 없었다. 몸을 녹일 곳이 전혀 없었던 것이다.

그렇게 12km 정도를 달린 후 도로가 약간 평지를 이루고 도로가에 버스정류소가 있어서 자전거를 멈추었다. 위치는 강원도 삼척시 미로면 하거노리 마을 앞에 있는 정류소였다. 손가락의 감각을 찾기 위한 휴식이었다. 비를 피하면서 손뼉을 수도 없이 쳐댔지만, 그리고 겨드랑이와 사타구니에 손을 넣고 비벼봤지만 감각이 돌아오지 않는다. 말하자면 별짓을 다 해보지만 소용이 없다. 빨리 가게나 식당 등을 찾아서 들어가야 했지만 도대체가 보이지 않으니 어쩔 수 없다.

어쩔 수 없이 다시 달리기 시작한다. 옥류관이 문제가 아니라 어디든 들어가서 손가락 감각을 되찾는 게 급선무였다. 그렇게 삼척 시내 방면으로 3km 정도를 달리니까 도로 왼편에 주유소가 보였다. 지나가는 차량이 없어서 도로를 가로질러 주유소 사무실에 들어가서 인사를 했다. 사정을 이야기하니까 주유소 사장님이 얼른 정수기에서 뜨거운 물을 일회용 종이 그릇에 받아서 건네주셨다. 그것도 모자란다 하시며 생수병에 또 뜨거운 물을 받아주신다. 나는 계속해서 손으로 쥐고는 손가락과 손바닥, 손등에 온기를 불어넣었다. 그러는 사이에 사장님은 자신도 자전거로 왕복 16km 정도 출퇴근을 하시는데, 며칠 전에 자전거를 중고로 구입하셨다며 이것저것 물어보셨다.

나는 고마움에 내가 아는 한 최대한 성의껏 대답을 해드렸다. 사장님은 내 자전거에 부착한 여러 가지가 신기하게 보이셨는지 사진도 계속 찍으면서 자전거에 관련된 이야기를 하시고, 나는 손을 녹이면서 대화를 이어갔다. 그 사이 또 뜨거운 물 한 병과 커피도 한 잔 주신다. 손가락의 감각이 돌아오고 있었다. 이제는 자전거를 타고 옥류관으로 가도 되겠다는 생각이 들었다. 시간은 40분이 흘렀다. 하지만 손가락이 다 녹았다고 해서 그냥 나오면 도리가 아니다. 사장님의 궁금증이 그런대로 해소되었다는 느낌이 왔을 때 나는 명함을 드리고는 정말 고맙다는 인사와 함께 옥류관을 향해 달리기 시작했다.

손가락 감각이 온전해졌다는 사실이 그렇게 좋을 수가 없었다. 비가 좀 더 세게 내리고 있었지만 10km만 가면 옥류관에서 김팔용 선생님도 만나고 따뜻한 점심도 먹을 수 있다는 생각에 페달을 돌린다. 그런데 삼척 시내로 들어가니까 이전 라이딩 구간보다 오히려 오르막 내리막이 더 많았다. 내비게이션을 켜서 쉽게 찾아가기는 했지만 아픈 다리 때문에 오르막에서는 여전히 최대한 조심하면서 달렸다. 마침내 옥류관에 도착했다.

냉면 전문인데 기온이 많이 떨어져서 그런지 점심때인데도 손님이 아무도 없었다. 기온을 보니 20도이다. 태백을 출발해서 5시간 만에 도착했다. 문을 열고 들어가서 인사를 하니 아주머니께서 맞아주셨다. 여기까지 오게 된 경위를 말씀드리니까 아마 2층에 계실 거라면서 올라가셨다. 그런데 혼자만 내려오시는 게 아닌가. 알고 보니 아주머니는 김팔용 선생님의 누님이신데, 위에는 살림집이라서 선생님이 위에 계시는 줄 아셨단다. 김팔용 선생님이 안 계신 이유는 오늘 무슨 대회에 가셨단다. 개인적으로 김팔용 선생님을 아는 것도 아닌데 미리 전화를 드릴 수도 없고, 라이딩하던 도중에 뵙고 싶어서 찾아왔으니 어쩌겠는가.

우선 점심을 먹기로 했다. 냉면을 먹고 싶었지만, 추워서 갈비탕을 주문했다. 그리고는 실내를 둘러봤다. 화려하게 장식한 건 아니지만, 주방 앞과 벽에 김팔용 선생님의 화려한 경력을 나타내는 사진 몇 장이 걸려 있었다. 아마추어 라이딩 세계에서 워낙 유명하신 분이라 나름대로 자전거를 좀 탄다는 사람치고 김팔용 선생님을 모르는 사람은 없지 않을까 싶다. 김팔용 선생님과는 사진을 못 찍었지만, 아쉬움을 달래면서 누님과 기

왼쪽부터 필자, 전설의 업힐왕 김팔용 선생님, 청도 늘푸른연합의원 김현철 원장님, 명디자인 이동명 님, 동료라이더 정병천 님

김팔용 님이 경영하는 옥류관에 걸려 있는 유명한 사진

백두대간 종주 라이딩 로드맵

념사진을 찍었다. 누님과 나는 동갑이다. 푸짐하게 내어주신 갈비탕으로 속을 든든하게 채우고 일어섰다.

점심을 먹고 김팔용 선생님의 명함을 얻어서 삼척종합버스터미널로 갔다. 거리는 2km. 12시 40분쯤에 도착했는데 대구행 무정차 버스가 20분 전에 출발해서 4시까지 기다려야 했다. 그래서 그때까지 기다리는 것보다 더 빨리 갈 수 있는 경로를 생각하며 다양하게 알아봤다. 오후 2시에 부산행 무정차 버스를 타면 5시쯤에 포항에 도착한다는 말을 듣고 대합실에 머물면서 2시에 포항 경유 부산행 버스에 올랐다. 버스에서 졸다가 깨기를 반복하는 가운데 버스는 4시 45분쯤 포항시외버스터미널에 도착했다. 곧이어 나는 5시 대구행 버스를 탔다.

집에 와서 곤히 자고 일어난 다음날(21일) 저녁에 김팔용 선생님께 먼저 문자를 드렸다. 뵙고 싶어서 찾아갔지만 뵙지를 못하고 문자를 드리는데 통화가 가능하신지 묻는 문자였다. 그러면서 19일에 함백산을 라이딩한 블로그 포스팅 주소를 복사해서 보내드리고 나의 소개를 대신한다는 문자도 함께 드렸다.

밤 10시 55분에 전화가 왔다. 김팔용 선생님이었다. 12분 넘게 통화를 했는데, 서로 일면식도 없지만 마치 이전부터 알고 있는 사이처럼 다정하게 대화를 주고받았다. 다음에 내가 그쪽으로 라이딩을 가면 함께 라이딩도 해주시겠단다. 나에게는 얼마나 큰 영광인가. 다음 백두대간 라이딩 일

정이 아직은 불분명하지만, 빨리 김팔용 선생님과 함께 기념 라이딩을 하고 싶다.

9월 24일 일요일. 마침내 나는 김팔용 선생님을 만났다. 그날 동해안 자전거길 경포해변 인증센터를 출발하여 임원 인증센터까지 라이딩했는

태백터미널~삼수령~건의령~댓재~삼척터미널 구간 지도와 세부분석표

백두대간 종주 라이딩 로드맵

데, 사전에 연락이 닿아서 만나기로 약속한 것이었다. 삼척 추암해수욕장이 가까워지면서 중간에 서로 계속 통화를 했는데, 김팔용 선생님이 추암 촛대바위 근처로 마중을 나오셨다. 당시 나는 일행 3명과 함께 라이딩 중이었으며, 모두가 김팔용 선생님의 안내로 옥류관으로 가서 냉면을 먹고 반가운 마음으로 자전거를 주제로 한 대화를 나눈 후 다음을 기약하고 헤어졌다. 나에게는 영광스런 만남이었으며, 이후 가끔 안부를 주고받고 있다.

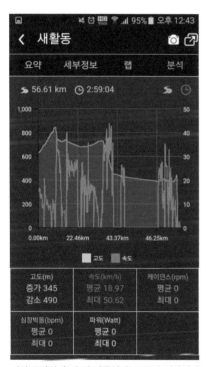

기기 고장인지? 습기 때문인지? 고도가 엉망이라는 것을 그래프 마지막에 보면 알 수 있다. 내리막을 저렇게 내려갈 수는 없는 노릇이다.

13

거리 120km | 획득고도 1,850m

**강릉시외버스터미널 ▶ 닭목령(700m) ▶ 안반데기(피덕령,1,100m) ▶ 비오치(850m) ▶
삽당령(680m) ▶ 버들고개(620m) ▶ 갈고개(750m) ▶ 백복령(780m) ▶ 동해공영버스터미널**

이번 구간 리이딩은 자신의 라이딩 스타일과 페이스에 따라 달리는 게 얼마나 중요한지를 다시 일깨워준 라이딩이었다. 그 출발은 9월 2일 토요일 아침 7시 대구북부시외버스터미널에서 강릉행 버스를 타면서 시작되었다. 기사가 버스에 자전거를 싣는 것부터 불친절하게 딱딱거리더니 출발시간도 넘겨서 출발한다. 도중에 휴게소에 들렀을 때는 승차인원과 승차권의 수가 맞지 않는다며 또 지체한다. 게다가 영동고속도로도 지체 현상을 보이더니 급기야 버스는 도착 예정시간보다 30분이나 지난 11시 10분에야 강릉시외버스터미널에 도착했다. 이런 요소들은 대중교통을 이용해서 시외 장거리 라이딩을 하는 나 같은 사람에게는 라이딩 계획에 큰 영향을 준다.

버스 안에서 찍은 대관령 자락

 이번 열세 번째 백두대간 구간 솔로 라이딩에는 나와 같은 도발 카페 회원이고 강릉에 살고 계시는 삼겹 님과 사전에 연락이 되어서, 삼겹 님이 강릉시외버스터미널에 마중을 나오시기로 했다. 예정 시간을 30분이나 넘겨서 도착한 탓에 스스로에게 화도 났고 삼겹 님께 미안한 마음도 컸다. 그래서 화장실만 다녀오고 부랴부랴 라이딩 준비를 했다. 강릉시외버스터미널에는 삼겹 님만 계신 게 아니라 동료분도 한 분 계셨다. 요즘같이 좋은 계절에 아침 일찍 라이딩을 시작하는 것도 아닌 한낮에 라이딩을 시작하게 만들어서 정말 미안한 마음이 가득했다. 동료분이 앞장을 서고 내가 중간에 그리고 삼겹 님이 후미를 맡아서 달리기 시작했다. 그런데 이게 나로 하여금 처음부터 오버페이스를 하게 만들 줄 어떻게 알았겠는가?

그동안의 경험으로 보면 나는 페달을 돌리기 시작하면서 20km 정도는 달려야 워밍업이 되고 몸이 적응해서 서서히 속도를 올릴 수가 있었다. 평지 자전거길이라면 별 문제 될 게 없겠지만, 가파른 경사의 업힐이 기다리고 있을 때는 더욱 그러했다. 그런데 동료분은 나보다 젊기도 훨씬 젊은데다가 자전거를 타는 실력도 보통 이상이었다. 그런 분이 앞에서 이끄는 대로 그저 따라가다 보니까 10km쯤 갔을 때 이미 나의 페이스가 아니라는 걸 알아차렸다.

강릉시외버스터미널에서 첫 번째 고개인 닭목령까지의 거리가 약 20km쯤 되는데, 10km가 지나면서 업힐이 시작되는 것이었다. 성산 삼거리에서 왼쪽으로 난 길을 따라 닭목령으로 올라가는데, 2015년 첫 백두대간 종주 라이딩을 할 때는 동해에서 출발하여 백복령과 삽당령을 넘고 오봉저수지 쪽으로 내려갔다가 다시 닭목령으로 업힐했다. 그런 기억이 살아나서 업힐하는데 낯익은 커피농장이 눈에 들어온다. 그리고는 바로 자전거에서 내렸다.

커피농장 사진을 찍기 위해서가 아니라 너무 힘들어서 자전거에서 내린 것이었다. 페이스 조절을 잘못한 데다가 잘 달리는 젊은 라이더를 따라가려고 무리한 게 당장 표시가 났다. 그래서 무리하지 않기로 했다. 오기를 부릴 수도 없었다. 아직 가야할 길이 먼데 잘못하다가는 닭목령에만 올

강릉에는 닭목령이나 대관령처럼 업힐을 즐길 곳이 많다.

랐다가 바로 되돌아 내려와야 할지도 모를 일이었다. 삼겹 님께 먼저 가시라고 했지만 한사코 거절하셨다.

　그렇게 꾸역꾸역 올라가는데 경사가 10%를 넘어서는가 했더니 12%를 넘어 14%도 넘는 구간이 있다. 갑자기 뭉친 근육을 풀기 위해 잠시 자전거를 끌고 올라가기도 했다. 가는 도중에 삼겹 님의 또 다른 동료 한 분이 기다리고 계셨다. 오래 기다리셨을 생각을 하니 더욱 미안해진다. 이전의 동료분은 일찌감치 올라가셨고, 나중의 동료분과 삼겹 님 그리고 내가 맨 마지막으로 이를 악물고 올라가서 마침내 닭목령(700m)에 도착했다.

　첫 번째 종주 때는 같은 길이라도, 그리고 MTB를 타고 올라가도 그다지 힘든 줄 몰랐는데 이번에는 정말 힘들었다. 로드와 MTB의 기어 비가 달라서일까? 그럴 수도 있겠지만, MTB에 비해서 로드가 못해도 2kg은 가벼울 텐데, 반드시 기어 비 때문만은 아니라는 생각이 들었다. 그게 바로 페이스 조절과 워밍업의 문제라는 생각이다. 닭목령에서 그렇게 숨을 돌리면서 기념사진을 찍고 안반데기(피덕령)를 향해 출발했다. 닭목령에서 안반데기까지는 약 5km. 살짝 내리막을 잠시 내려가서는 업힐이 바로 시작된다. 위로 올라갈수록 경사가 심해지기는 하지만 닭목령에 오를 때보다 조금 쉬워진 느낌이다. 닭목령에서 잠시라도 휴식을 했기 때문일까?

5km 거리에 상승고도가 400m이니까 평균 경사도는 10%가 안 된다는 뜻이다. 물론 중간에 짧게는 10%를 넘어서는 구간도 있지만 못 올라간 정도는 아니다. 그렇긴 했지만 역시나 꼴찌로 안반데기(1,100m)에 도착했다. 생각보다 왕래하는 차량도 많은 편이었다. 날씨가 좋아서 그런지 빠른 속도로 다운힐하는 로드 사이클 라이더도 제법 많았다. 그들이 내려가는 속도를 보며 위험하다는 생각이 들었는데, 내가 다운힐할 때도 다른 사람들에게는 무척 위험하게 보일 것임이 틀림없을 터이다.

안반데기에 도착해서 브라이튼을 확인해보니 라이딩 거리가 25.6km인데 증가고도가 1,014m나 된다. 평소 백두대간 종주 라이딩을 하면서 보통 이 정도 증가고도가 되려면 거리가 7~80km는 되는데, 25.6km에 1,014m를 업힐했다는 것은 그만큼 업힐 경사도가 높다는 것을 증명해준

안반데기에는 표지석 없이 이렇게 나무판에 표지되어 있다.

다. 안반데기의 고도 표시는 브라이튼 계기상의 오차로 인해 정확하지 않지만, 13시 52분의 정확한 시간에 비해서 40분이나 오차가 있다. 이렇게 되면 이 기록이 핸드폰에 업로드 되지 않는다는 걸 알기에 코스 기록은 없어질지라도 사진이라도 찍어둬야겠다는 생각에 브라이튼 액정을 찍었다.

화전민의 땅 안반데기는 행정구역상 강릉시 왕산면 대기리다. 조선시대 『여지도서』에 대기리라는 이름이 보이는데, 당시 대기리는 강릉군 구정면에 속했다. 일제강점기인 1916년, 20여 개의 마을을 합병한 후 '대기리'라 이름 짓고 상구정면에 편입시켰다. 이어 1917년 면제 개혁 때 상구정면이 왕산면으로 개칭되면서 왕산면 관할이 되었다. '안반'이란 떡을 칠 때 아래에 받치는 넓은 나무를 일컫는다. 안

강릉터미널에서 닭목령을 거쳐 안반데기까지의 네이버 지도와 브라이튼 기록

반데기라는 이름은 이곳 지형이 떡치는 안반처럼 넓고 우묵한 데서
유래했다. 옥녀봉과 고루포기산 사이 198만㎡(약 60만 평)에 이르는
밭이 독수리 날개 모양으로 펼쳐져 있다. 한눈에 다 보기 어려울 정도
로 넓다. 안반데기는 1965년부터 국유지 개간을 허가하여 화전민에
게 임대해오다가 1995년에 경작자들에게 매각한 땅이다. 현재 20여
농가가 거주하는 전국 최대 규모의 고랭지 채소 재배 단지다. 초창기
정착민들은 돌투성이 비탈 밭을 맨손으로 일궜다. 걸음마다 나오는
돌을 파내고 치우는 일부터 시작했다. 기계는 꿈도 꿀 수 없는 비탈
밭에 소가 효자였다. (출처 : 한국관광공사 '대한민국 구석구석')

안반데기에서 휴식을 취하고 시계를 보니 벌써 오후 2시 20분이다. 마

안반데기 경작지와 풍력발전 시설

백두대간 종주 라이딩 로드맵

음이 급했다. 오늘 계획한 모든 고개를 넘고 오늘 다시 대구로 가야 하는데 라이딩 출발 시각부터 너무나 지체되었기 때문이다. 삼겹 님과 나중에 만난 동료분은 다시 강릉으로 되돌아가기로 하고 처음 동료분과 나는 삽당령을 향해 달리기로 했다. 우선은 닭목령으로 가는 길까지 4명이 함께 다운힐하여 작별 인사를 나누고, 우리 둘은 계속 달려서 임계, 고단 방면으로 410번 도로를 따라 달렸다. 나는 그 동료분께 말했다. 내 신경 쓰지 마시고 자신의 페이스대로 달려서 삽당령에서 만나자고 말이다. 나도 그게 마음이 편했다.

그렇게 달리는 도중 삽당령은 아직 멀리 있는데 눈앞에 고개가 나타났다. 첫 백두대간 라이딩 때는 이 길로 오지 않았기 때문에 처음 만나는 고개이다. 안반데기에서부터 약 13.5km 지점에 있는 고개인데 백두대간에 포함되는 것 같지는 않지만, 지금 이 글을 쓰면서 지도를 찾아보니 이름이 비오치이며 등고선을 통해 확인해보니 높이가 850m쯤 된다. 행정구역은 강릉시 왕산면 대기리이며 안반데기를 출발점으로 보면 늪골에서 비오치를 넘어서 굴바우골로 이어지는 고개이다.

비오치에서부터 삽당령까지는 약 13.5km인데, 고단 삼거리까지 약 7km는 거의 다운힐이다. 여기서 나는 체력을 회복해야 한다. 나머지 6.5km는 거의 평지 수준이면서 아주 약한 오르막이 나타나기도 한다. 삽당령에 거의 다 왔을 무렵 왼쪽으로 국립산림품종관리센터 강릉지소가 보

삽당령 가까이에 있는 국립산림품종관리센터에 잘 관리된 나무들과 이정표

인다. 멋지게 관리된 침엽수들을 보면서 그냥 지나칠 수가 없다. 시간이 없는 관계로 잠시 사진만 찍고 바로 자전거에 올라서 곧 삽당령에 도착했다.

두 번째 오는 삽당령(680m)이다. 동료분은 나를 얼마 동안 기다렸는지 모른다. 얼른 사진을 찍고 파워젤을 하나씩 먹은 후 바로 돌아선다. 임계 사거리까지 그냥 가자고 했다. 임계 사거리까지는 왔던 길을 되돌아가는 구간도 포함되지만, 그대로 계속 달리면 강릉으로 가는 길이다. 동료분도 이 길은 처음이라 되도록이면 나와 함께 달리기를 원했다.

다음 고개인 백복령으로 가기 위해서는 임계 사거리에서 좌회전을 해야 하기에 우선 임계 사거리에서 만나자고 했다. 여기서는 내가 동료분을 놓치지 않고 거의 뒤따라 달렸다. 삽당령에서 임계 사거리까지 약 9.5km인데 거의 평지 수준이기 때문이었다. 그러다가 임계 사거리를 2km 정도 앞둔 지점에서 버들고개(620m)를 만났다. 이미 한번 넘어본 고개이지만 또 자전거에서 내려서 사진을 찍었다. 이런 하나하나가 모두 기록이니 어찌하겠는가!

버들고개 인증샷 때문에 또 늦어진 나는 임계 사거리에서 동료분을 만났고, 편의점에서 삼각김밥과 이온음료, 맥주 작은 캔 하나를 사서 간식으로 먹었다. 강릉시외버스터미널을 출발해서 여기까지 달리면서 누구도 특별한 보급을 하지 않았던 터라 삼각김밥으로라도 허기를 달랜 것이다.

다시 출발하면서 나는 백복령에서 만나자고 말했다. 서로가 편안하게

삽당령에서 버들고개를 넘으면 임계 사거리가 나온다.

임계 사거리에서 갈고개를 넘으면 백복령에 도착한다.

라이딩을 하기 위해서였다. 임계 사거리에서 백복령까지는 15.5km 정도 거리인데 증가고도는 높지 않다. 천천히 달리면서 나는 속으로 갈고개가 언제쯤 나올까 생각했다. 임계 사거리를 출발하여 12km가 조금 더 지나면서 갈고개(750m)에 도착했다. 차량이 많지 않고 도로 사정도 나쁘지 않아서 어렵지 않게 도착했다. 역시 인증샷만 남기고 오늘의 마지막 고개인 백복령을 향했다.

갈고개에서 3km 남짓 달려서 오후 5시 26분에 백복령(780m) 정상에 도착했다. 먼저 도착한 동료분은 동해에서 올라온 다른 라이더와 대화를 나누고 있었다. 그도 백두대간 라이딩을 하는 중이라 했지만, 내가 시간이 없었기 때문에 인사만 하고 바로 출발하기로 했다. 여기서 다시 동해공영 버스터미널까지 25km를 달려서 강릉행 버스를 타야 했기 때문이다.

백복령이 아리랑의 고장 정선에 있는 고개임을 알려주고 있다.

　여기까지 함께 한 동료분과는 작별 인사를 했는데, 6.5km 정도 내려가면 왼쪽으로 옥계해변으로 가는 길이 있으며 직진하면 동해로 간다고 길을 가르쳐 주고 각자 출발했다. 나는 사전에 여러 가지 정보를 가지고 라이딩을 시작했고 또 이 길이 두 번째라서 동료분보다 더 잘 알고 있었다. 그래서 동료분은 옥계해변으로 해서 동해안 자전거길을 따라 강릉까지 자전거를 타고 가기로 했지만, 나는 버스 연결 때문에 동해공영버스터미널까지 가기로 한 것이다.

　백복령에서 동해공영버스터미널까지는 25km가 조금 더 된다. 거의가 내리막이지만 로드 사이클은 MTB에 비해서 다운힐에 더욱 조심해야 한다. 타이어 폭도 좁은 데다가 도로에 어떤 이물질이 있는 걸 보지 못하고 그냥 밟고 지나가다가는 어떤 사고가 일어날지 모를 일이기 때문에, 나의 경험상 다운힐에서 속도를 높이기가 정말 어렵다. 그렇기에 25km를 한 시간 정도 안에 도착할 수 있을지를 걱정하면서 달려 내려갔다. 도중에 낯익은 곳이 눈에 들어왔다. 동해시 삼화동 주민센터인데, 첫 라이딩 때 그곳에 주차하고 백복령을 넘는 것을 시작으로 강릉까지 라이딩했기 때문이다. 그렇지만 그냥 지나가면서 눈으로만 흘깃 보고는 내비게이션의 안내에 따라 계속 달리기만 했다.

42번 도로를 따라 삼화동 주민센터 쪽으로 달려 내려오다가 동해안을 향해 달리는 것 같더니 다시 북쪽으로 방향을 전환한다. 동해공영버스터미널은 아직도 많이 더 가야 했다. 삼화동 주민센터에서도 9km 정도는 더 달려야 하니까. 약한 업·다운도 계속된다. 겨우 도착하여 가만히 살펴보니 동해공영버스터미널이 아니라 동해고속버스터미널이다. 강릉행 버스는 없다. 시간은 오후 6시 30분쯤이라 충분할 것 같았지만 온몸에 힘이 다 빠져버린다. 내가 내비게이션의 목적지 설정을 대충해버린 탓이었다.

누구를 탓할 수는 없었지만, 아니 아침에 대구발 강릉행 버스기사가 정말 원망스러웠다. 어쨌건 다시 동해공영버스터미널을 찾아가야 했다. 강릉발 대구행 버스를 오후 7시 30분발로 예매를 해두었는데, 탈 수 있는 가망이 없어보였다. 동해공영버스터미널은 왔던 길을 1.2km 정도 되돌아가야 했나. 아침부터 낳은 게 꼬여버린 일정이었다. 그렇지 않았다면 약간은 여유 있게 강릉에 도착하여 예매해둔 대구행 버스를 탈 수 있었을 텐데 말이다.

예매 사이트에 접속해서 예매 취소를 하고 다시 심야버스로 예매를 하려고 해도 예매된 게 없다는 메시지만 뜬다. 속도 상하고 열불도 올라 왔다. 예매하고 결제된 문자까지 있는데 예매된 것마저 없다고 하니 어찌 열을 받지 않겠는가? 그런 마음을 뒤로 하고 동해공영버스터미널로 달려서 도착하니 눈앞에서 강릉행 버스가 출발하고 있었다. 완전히 자포자기의 심정이었다. 어쩌겠는가? 마음을 편히 먹기로 했다. 그나마 매표원의 친절 때문에 기분을 조금 가라앉히고 다음 강릉행 버스를 기다렸다가 자전거를 실으려 하니 기사가 또 불친절하다. 오늘 기사는 아침이고 저녁이고 모두 마음에 안 들었다. 그렇게 버스는 7시 5분에 강릉을 향해 출발하는데 벌써 날이 어둑어둑해져서 동해 바다가 희미하게 보인다.

버스는 7시 50분경에 강릉시외버

안반데기~닭목령~비오치~삽당령~버들고개~
갈고개~백복령~동해시외버스터미널구간지도

스터미널에 도착했다. 편해진 마음으로 심야버스 승차권을 구입하러 갔다. 친절한 매표원의 안내로 예매 취소를 하지 못한 표는 30%의 위약금을 지불하고 나머지를 돌려받는 절차를 진행했다. 이번에 알게 되었지만, 일반버스는 버스가 출발한 후에는 6시간 이내에는 30%의 위약금을 내야하고 우등버스는 50%의 위약금을 내고 나머지를 돌려받을 수 있단다.

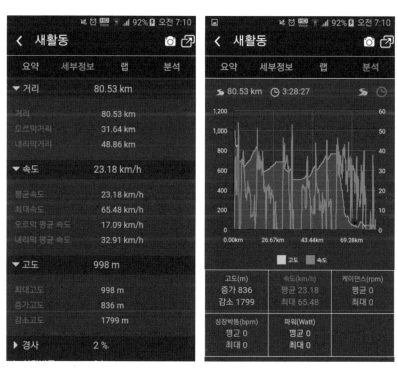

안반데기~비오치~삽당령~버들고개~갈고개~백복령~동해터미널 구간 세부분석표와 고도표

그런 후 터미널 맞은편 식당에 가서 갈비탕과 맥주 한 병을 주문했다. 땀으로 배출된 수분을 맥주 한 병으로 보충한 셈이다. 식사를 마치고 나서도 두 시간 가까이 기다려야 했다. 담배도 피우고 대합실 안을 이리저리 배회하다가 밤 10시 20분 심야버스에 올랐는데 손님이 다른 한 사람과 나뿐이다. 기사까지 모두 3명이다. 기사가 졸음운전을 하지는 않을까 내심 걱정하며 잠이 들었다. 두 시간쯤 지난 뒤에 화장실에 갔다 오라며 기사가 깨운다. 그 후에는 잠도 제대로 이루지 못한 채 차창 밖으로 비치는 달빛을 벗 삼아 온갖 상념과 다음 라이딩 계획을 생각하는데, 강릉을 출발한 지 3시간 20분 만인 새벽 1시 40분에 대구북부시외버스터미널에 도착했다. 아침 강릉행 버스보다 무려 1시간 가까이 빨리 달린 것이다.

다시 집까지 금호강 자전거길과 신천 자전거길을 따라 자전거를 타고 가야 한다. 그 한밤중에 라이딩하는 사람을 세 사람 만났다. 물론 지나쳤지만, 그들은 무슨 마음으로 이 시간에 자전거를 탈까 생각하며 집에 도착하니 새벽 2시 40분이다. 고등학교 2학년인 둘째 딸은 졸면서 학원 숙제를 하고 있다가 아빠를 맞이한다. 우리나라의 교육을 어떻게 할 수 없는 나를 원망하기도 하면서 샤워를 하고 잠자리에 들 때는 시계 바늘이 3시 30분을 넘어가고 있었다.

14 열네 번째 구간

거리 168km | 획득고도 2,961m

강릉시외버스터미널 ▶ **대관령(832m)** ▶ **진고개(960m)** ▶ **속사재(750m)** ▶
운두령(1,089m) ▶ **구룡령(1,013m)** ▶ **조침령(770m)** ▶ **송천민속떡마을**

백두대간 송수 솔로 라이딩의 마지막 여정이다. 원래는 두 번으로 나누어서 하려고 했으나 아내가 강원도까지 가는 김에 한꺼번에 끝내고 오라고 해서 계획을 변경했다. 사실 대구에서 강원도까지 버스를 이용해서 당일로 라이딩을 하려면 왕복 탑승시간만 적어도 8시간이 걸리니까 시간 낭비가 이루 말할 수 없다. 그렇기 때문에 당일로 두 번 해야 할 걸 1박 2일로 하면 적어도 8시간 정도는 시간을 절약할 수 있어서 계획을 바꾼 것이다.

대구에서 강릉으로 가는 심야버스는 밤 10시에 출발하는데 강릉에는 새벽 1시 반쯤에 도착한다. 그렇게 되면 버스에서 잠을 자는 것도 쉽지 않을 테고, 그렇다고 해서 그 시간부터 라이딩에 나서는 것도 어려운 일이다. 그래서 알아보니 포항에서 강릉을 거쳐 속초, 거진까지 가는 심야버스가 있었다. 우선 대구에서 9월 8일 금요일 밤 22시 45분 포항행 버스를 탔는데 경주를 경유해서 간다. 보통 대구에서 포항행 무정차 버스를 타면 1시간이면 충분한데, 30분이 더 걸리는 것이다. 이 버스가 포항에는 밤 12시 15분쯤에 도착했다.

내가 강릉으로 타고 갈 버스는 12시 30분에 출발하는데, 예약을 하지 않았더라면 아마 타지 못했을 것이다. 버스의 출발지가 부산인데, 짐칸에는 이미 자전거가 4대나 실려 있었다. 동해안 자전거길 라이딩을 위해서 부산에서부터 타고 오는 사람들이다. 그들은 피곤했는지 잠에 빠졌는지 내가 자전거를 싣고 있어도 하차해서 지켜보지도 않는다. 그래서 나는 앞바퀴를 탈착하여 내 자전거를 그들 자전거 위에 올려놓고 버스에 올랐다.

평소 이 시간이면 나는 한밤중이다. 일찍 자고 일찍 일어나는 편이기 때문이다. 그런데 도중에 몇 번의 고함소리에 살짝 든 잠에서 계속 깨야 했다. 맨 뒷자리에 앉은 술에 조금 취한 남성이 앞좌석에 발을 올리기를 반복하면서 앞좌석에 앉은 승객이 고함과 욕설을 함께 한 것이다. 술버릇과 평소 습관의 중요함을 다시 한번 깨닫게 해준 작은 사건이었다.

그런 와중에 다시 잠이 들었다. 밝아진 불빛에 눈을 뜨니 버스가 동해 터미널에 들어서고 있었다. 많은 승객이 내렸다. 동해에서 강릉까지는 30분이 조금 더 걸리는 정도라서 나는 어두운 창밖으로 시선을 돌리고 간간히 동해에 떠다니는 고기잡이 배를 보고 있었다. 어부들에게 바다는 생업의 터전이기는 하지만, 이 새벽에 바다 한가운데 떠 있으면서도 바다가 의식되지 않으리라는 생각이 들었다. 그만큼 몰입할 것이라는 말이다. 이윽고 버스가 강릉시외버스터미널 맞은편에 정차했을 때는 새벽 3시 30분경이었다.

편의점의 밝은 불빛 속에 자전거를 내려놓고 앞바퀴를 조립했다. 대관령으로 가는 길목은 지난주 강릉시외버스터미널을 출발해서 닭목령으로 가면서 봐두었기 때문에 헷갈릴 일이 없었다. 그런 걱정보다는 배를 채우기로 하고 근처의 선지해장국집으로 갔다. 선지는 별로 좋아하지 않아서 조금만 넣고 밥을 말아서 먹고는 체력에 도움 된다는 MCT코코넛오일도 한 스푼 먹었다. 그리고는 새벽 4시가 조금 지나서 대관령을 향해 출발했다.

강릉시외버스터미널에서 성산 삼거리까지는 닭목령으로 가는 길과 동일한 코스이다. 여기까지는 7km가 조금 넘으며 35번 도로 오른편에 가드레일로 구분된 길이 있기 때문에 자전거는 이 길로 안전하게 달릴 수 있다. 성산 삼거리에서 왼쪽으로 난 방도교를 건너면 닭목령으로 가게 되며 계속 직진을 하면 강릉국토관리사무소를 지나서 대관령으로 향하는 오르막길인데 대관령 표지석까지는 약 13km이다.

바람막이 위에 반사조끼를 입고 후미등 두 개와 전조등을 켜고 업힐을 시작했다. 사실 나는 야간 라이딩을 좋아하지 않는다. 뻔히 아는 길일지라

백두대간 종주 라이딩 로드맵

도 시야도 좁아지고 도로에 어떤 상황이 발생해 있는지 멀리서는 알 수가 없어서 상황 대처 능력이 떨어질 수밖에 없기 때문이다. 그러나 무엇보다도 두려운 것은 야생동물이 나타날까봐서인데, 그중에서도 멧돼지가 가장 두렵다. 그래서 이번에는 강릉에 살고 계시는 도발 카페 회원께 대관령 가는 길에 멧돼지가 출현하지 않을지 물어보기도 했다.

그런 두려움을 안고 천천히 아주 천천히 업힐을 했다. 성산 삼거리에서 약 2.5km를 가면 대관령박물관이 있다. 업힐하는 도로 건너편에 있지만 흐릿한 조명만 보일 뿐이다. 여기에 도착한 시각이 새벽 4시 49분이었으니 강릉시외버스터미널을 출발해서 10km 거리를 달리는 데 40분이나 걸렸다. 그만큼 조심하면서 천천히 달렸다. 자전거 전조등을 비추면서 대관령박물관임을 알리는 입간판을 카메라에 담았다.

그리고는 또 행여 멧돼지가 나타나지는 않을지 걱정하면서 아주 천천히 올라간다. 보름이 며칠 지난 날이지만 아직은 둥근 달에 가까운 달빛이 조금이나마 위안을 준다. 폰으로 찍어보니 마치 보름달같이 나온다. 지나가는 차량은 아주 가끔 한 대씩 지나간다. 그래도 차량 덕분에 조금은 안심이 되지만, 차라리 이런 새벽에는 지나가는 차량이 좀 더 많으면 좋겠다.

일출 시각을 미리 알아봤는데, 새벽 6시경에 해가 뜬다고 되어 있었다. 업힐하는 속도가 문제가 아니라 일출이 빨리 되는 게 나에게는 가장 중요하였다. 비록 토요일이지만 대관령을 넘어 횡계 쪽으로 출근하는 사람들

안개 긴 대관령 정상의 표지석

인지 왕래하는 차량도 조금씩 늘고 있다. 때 맞춰 동녘 하늘도 여명의 푸른빛이 감돌기 시작한다. 그런가 싶더니 붉은 기운이 동해 위에 일렁이기 시작한다. 고함까지는 아니지만, 해가 뜨고 있다는 말을 반복했다. 반가움이었다.

이제는 전조등과 후미등을 꺼도 될 만큼 날이 밝았다. 그렇다고 속도를 높이지는 않았다. 대관령은 초입의 경사도는 4~5%를 잘 넘지 않는다. 나는 대관령 힐클라임 대회에 참가한 게 아니라 장거리를 달려야하기 때문에 체력 안배가 무척 중요했다. 그래서 어쩌면 유람 삼아 올랐는지도 모른다. 대관령 옛길 표지석을 만났다. 강릉시내와 동해가 보이는 곳인데, 기온이 많이 내려갔다. 바람막이를 출발할 때부터 입고 있었는데, 대관령 정상에서는 두꺼운 상의를 입을 생각이었다.

아직 일출의 태양이 떠오른 것은 아니다. 그런데 뒤가 마려워 온다. 근처에 화장실이 있어서 편했지만, 아무도 없는 탓에 화장실 안으로 자전거를 끌고 들어갔다. 혼자 라이딩하는 도중에 이런 일이 있을 걸 대비해서

대관령에서 횡계 방면으로 다운힐하기 직전의 모습. 안개가 매우 많이 끼어 있다.

자물쇠를 갖고 다니지만, 이렇게 아무도 없는 곳이면 화장실 안으로 자전거를 끌고 들어간다. 볼일을 보고 나오니 이미 해가 제법 많이 올라와 있었다. 조금만 참았으면 일출 광경을 볼 수 있었을 텐데 많이 아쉬웠다. 하지만 떠오른 태양은 안개에 갇혀 있었다. 대관령 정상부가 가까워질수록 안개가 점점 짙게 드리워져 있었으며 기온도 덩달아 떨어지고 있었다.

강릉시외버스터미널에서 약 20km를 달려서 아침 6시가 조금 지난 시각에 대관령(832m)에 도착해서 보니 첫 번째 백두대간 종주를 할 때 왔던 것과는 분위기가 무척 달랐다. 그때는 2015년 7월 18일 저녁 6시경이었다. 당시는 강릉시내와 동해가 선명히게 보였지만, 이번에는 안개 때문에

월정사와 진고개 갈림길에서 오른쪽 길로 가면 진고개 정상이다.

전혀 볼 수 없었다. 기온은 9도를 나타내고 있었다. 우선 인증사진을 찍고 준비해간 기모 바람막이로 갈아입었다. 하의로는 처음부터 패드바지 위에 7부 바지를 입었으며, 대관령 표지석 옆에서 다리토시를 꺼내 입었다. 이제부터는 몇 km를 다운힐해야 하는지 정확하게 모르지만 9도라는 기온은 상당히 추울 것이기 때문이다.

　다음 목적지는 진고개이다. 대관령에서 출발하여 16km가 조금 덜 되는 거리를 달려서 월정 삼거리에 도착하면 주문진, 월정사 방면으로 우회전을 하면 된다. 그런데 대관령면에 도착할 때까지 짙게 드리워진 안개가 걷힐 기미가 보이지 않는다. 전조등을 깜빡이로 설정하고 후미등을 세 개나 켰다. 신나는 다운힐이 아니라 너무나 조심스러운 다운힐을 해야 했다.

플립형 고글에는 안개를 많이 맞아서 마치 빗물이 흐르는 것 같았다. 플립을 위로 올리고 도수 안경으로 안개가 거의 없는 지역까지 달린 후에 휴지를 꺼내서 고글의 물기를 닦았다.

월정 삼거리에 도착하여 기모 재킷을 얇은 바람막이로 갈아입고 잠시 숨을 고른 후에 곧바로 우회전 하여 진고개로 향했다. 4km를 달리면 왼쪽 월정사로 가는 길과 오른쪽 주문진으로 가는 병안 삼거리에서 갈림길이 나온다. 월정사에 가보지 못하는 대신, 이 지역이 오대산 국립공원 지역이라서 오대성지라는 표지석 앞에서 사진을 찍고 주문진으로 향한다.

병안 삼거리에서 진고개까지는 약 8.6km이다. 경사는 심하지 않다. 정상이 가까워져도 10%를 넘어서지 않는다. 기온도 조금씩 오르고 있어서 상쾌한 기분으로 라이딩을 한다. 대관령과는 반대로 진고개(960m)는 쾌청했다. 나는 첫 번째 백두대간 종주 라이딩을 진고개에서 완성했는데, 그때가 2015년 8월 1일 저녁 6시경이었다. 당시 진고개에 도착하기 1km쯤 전부터 안개가 내려오기 시작하더니 정상이 가까워질수록 점점 짙어졌다. 또 그 당시 진고개를 넘어서 주문진 방면으로 내려갔는데, 짙은 안개비 속에 급경사를 내려가야 했기 때문에 무척이나 조심스럽게 다운힐했던 기억이 생생하다.

날도 어두워진 데다가 이미 장거리를 달렸고 백두대간 종주 라이딩을 완성했다는 사실 때문에 가까운 곳에서 얼른 숙소를 정하고 싶었다. 그런

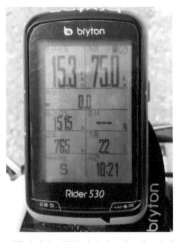

강릉터미널~월정 삼거리~진고개~다시   속사 삼거리에서 운두령 가는 길
월정 삼거리까지

데 숙박업소는 많았지만 빈방이 하나도 없었다. 이곳저곳을 알아보다가 마지막으로 카페에 들어가서 혹시 어디라도 잘 곳이 없는지를 물어보니 가까운 곳의 식당을 소개해주었다. 식당에서 저녁과 축하주를 마시고는 식당방 하나를 얻어서 잠을 잘 수 있었다. 만일 그렇지 않았더라면 주문진까지 가야만 되는 상황이었다. 그게 엊그제 같은데 벌써 2년 전의 기억이다.

　진고개의 고도는 960m이다. 상당히 높은데 높지 않다. 아니 정확하게 말하면 증가고도가 높지 않다. 대관령 정상에서 대관령면을 거쳐서 진고개로 올라왔기 때문이다. 정확하지는 않지만, 등고선을 통해 확인해본 결과 월정 삼거리의 해발고도가 이미 500m는 넘는 것 같다. 그러니 상승고도는 많아 봐야 500m가 채 되지 않을 성싶다. 그런데 만일 주문진에서 출발하여 진고개에 오른다면, 주문진의 해발고도 0m가 조금 넘는 높이가 출발점이 될 테니까 상승고도가 두 배는 될 것이다. 그 때문에 이 지역 라이더들은 주문진을 출발하여 진고개를 업힐하는 마지막 구간을 거의 직벽에 가깝다고 말하기도 한다.

나는 그 코스를 피한 것이다. 언젠가, 아니 어쩌면 내년에 로드 사이클을 타고 주문진에서 진고개를 향해 달릴는지도 모를 일이다. 사람의 미래 일을 어찌 모두 예측할 수 있겠는가? 나는 진고개를 반환점처럼 돌아서 운두령으로 가기 위해 다시 월정 삼거리로 내려왔다. 월정 삼거리에 도착하여 브라이튼을 확인하니 획득고도는 이미 1,500m를 넘었으며 달린 거리도 75km가 표시되어 있다. 사전에 알아본 자료로 미루어 보아 절반 정도 이루었고 이제 나머지 절반을 향해 달릴 일이 남았다는 걸 알 수 있었다. 이때의 시각은 오전 10시가 조금 지나 있었다.

새벽 3시 30분 강릉시외버스터미널 근처에서 선지해장국으로 아침을 먹은 지 6시간이 조금 더 지났기 때문에 간식을 먹기로 하고 근처에 있는 마트에서 구운 계란 한 줄(3개)을 샀다. 날씨가 좋아서 그런지 진고개를 올라가는 라이더도 몇 명 있었다. 테이블에 앉아서 계란과 파워젤을 먹고 운두령을 향해 페달을 돌리기 시작했다.

월정 삼거리에서 운두령으로 가기 위해서는 진부면을 거쳐 속사 삼거리까지 약 13.6km를 달려서 이승복 기념관 방면으로 우회전해야 된다. 그런데 속사 삼거리를 2.5km 앞둔 지점에 백산 산림욕휴양림이 있는데, 이 휴양림을 지나는 게 또 하나의 업힐코스이다. 지도에 특별한 명칭은 없지만 길의 명칭이 속사재길인 것으로 봐서, 그리고 등고선으로 확인해본 해발고도로 봐서 약 750m 높이의 속사재를 넘어야 된다. 이 속사재가 있다는 걸 모르고 가면 혹시 길을 잘못 들었을까 하고 생각할 수도 있을 것이고, 아니면 페이스 조절에 실패할 수도 있겠다는 생각이 들었다.

속사 삼거리에서 운두령까지는 12km가 조금 넘는다. 월정 삼거리와 마찬가지로 속사 삼거리도 해발고도가 높아서 600m 전후가 되는 것 같다. 이 말은 운두령으로 오르는 길의 경사가 심하지 않다는 뜻이다. 운두령에 도착하려면 속사 삼거리를 출발해서 5km 지점에 있는 이승복 기념관 앞을 지나게 되는데, 나는 그냥 지나친다. 이번이 이 길은 세 번째 라이딩이기도 하지만 박정희에 의해서 만들어진 반공 이데올로기의 산물임을 부인할 수 없는 현실에서 더 이상 기념할 건 아니기 때문이다.

페이스 조절을 해가며 천천히 올라가는데 4~5명의 라이더가 나를 추월해간다. 그들은 나를 보고 함께 가자고 하지만 나는 이미 80km 정도를 달린 상태이고 그들은 이제 막 출발했는데, 내가 그들과 같이 가기 위해 속도를 높이면 나의 페이스가 흐트러져서 오늘 하루 목표한 바를 이루지 못할 수도 있기 때문에, 나는 그들에게 먼저 가시라고 하고 내 페이스대로

운두령은 백두대간 고개에 포함되지는 않지만 반드시 함께 넘어야 하는 고개이다.

페달을 돌렸다. 가는 길목에 해발 800m, 900m 등을 알려주는 표지판이 있다. 정상이 가까워질수록 경사가 조금씩 급해진다.

이 길을 처음 달렸을 때 정상을 눈앞에 두고 나는 소위 끌바를 했다. 도저히 자전거를 타고 오를 수가 없었다. 그때는 2014년 6월 중순이었는데, 본격적으로 장거리 라이딩을 시작한지 두 달이 채 지나지 않았을 때였다. 지금과 마찬가지로 당시에도 나는 목적지를 정하면 무조건 출발하고 보는 타입이었다. 그때 달려보고 싶은 구간이 영주터미널~죽령~단양~영월~평창~양양~통일전망대였는데, 중간에 죽령이 있는 줄만 알고 있었을 뿐, 운두령이나 구룡령 등이 있는 줄을 전혀 모르고 라이딩을 시작한 것이었다. 사전 준비가 그만큼 부족했다는 반증이기도 하다. 그때 처음 운두령을 넘으면서 정상 가까이에서부터 끌바를 하여 결국 정상까지 300m 정도의 거리를 자전거를 끈 채 올라갔던 것이다.

두 번째 운두령을 넘었을 때는 백두대간 1차 종주 라이딩을 할 때였는데, 양양 송천민속떡마을에서 출발하여 조침령과 구룡령을 넘고 운두령을 넘어 진고개에 도착함으로써 종주 라이딩을 완성했을 때이다. 이때는 어느 정도 실력과 체력이 향상되어서 크게 지치지 않고 자전거를 타고 올랐다. 하지만 이번에 운두령으로 올라가면서 나는 처음 여기 왔을 때를 생각하며, 속도는 늦지만 웃음을 지으면서 올라갔다. 마침내 운두령(1,089m) 정상이다.

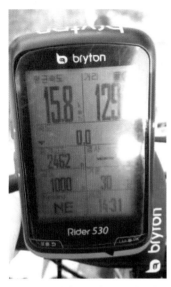

구룡령 정상에 올랐을 때의 브라이튼 기록

정상에서 브라이튼을 확인하니, 90km 정도를 달리면서 1,956m를 업힐했다. 시각은 정오가 가까워지고 있었다. 나를 추월해 간 라이더들이 쉬고 있다가 나를 반겨준다. 그들은 구룡령과 조침령을 넘고 양양터미널로 가서 버스를 타고 서울로 간단다. 나는 갈증을 해소하기 위해 정상에 있는 휴게소를 향했다. 그 사이 나를 반겨주던 라이더들은 먼저 출발했다.

나는 좀 더 휴식을 취하며 표지석을 배경으로 기념사진을 여러 장 찍은 후 구룡령을 향해 천천히 조심스럽게 다운힐을 시작했다. 운두령에서 구룡령까지는 39km 정도 되니까 제법 멀다. 창촌 삼거리까지 11.5km는 내리막인데 평소와 마찬가지로 특히 조심해서 다운힐한다. 창촌 삼거리에서는 양양, 명개 방면으로 우회전하면 되는데 명개 삼거리까지 21km 남짓 평지가 이어진다. 도중에 마트에 들러서 이온음료 한 병을 사서 계속 달리면 구룡령을 6.5km 앞둔 지점에 명개 삼거리가 있다. 여기서부터는 양양 방면으로 달리면 되며 서서히 업힐이 시작된다. 하지만 명개 삼거리도 해발고도가 600m 정도이기 때문에 구룡령까

호불호가 분명하게 나누어지는 업힐 후에 이런 표지석을 만나게 된다.

구룡령에서 바라본 양양

양양에서 구룡령으로 오르는 길은 20km가 넘는 오르막의 연속이다.

지의 경사는 세지 않다는 걸 알 수 있다.

운두령에 오르는 동안 기온도 많이 올라서 24도를 넘어섰다. 나의 페이스는 여전히 빠르지 않았다. 도중에 또 다른 라이더 3명이 나를 추월한다. 하지만 그들의 속도도 빠르지 않아서 그들과 나는 앞서거니 뒤서거니 하며 마치 일행처럼 올라간다. 그들은 속사에서 출발했는데, 나는 이미 100km를 넘게 달린 상태에서 획득고도가 2,200m를 넘었다고 하니까 깜짝 놀란다. 그렇게 오후 2시 30분경에 구룡령(1,013m)에 도착했다.

강릉시외버스터미널에서 구룡령까지 129km를 달리고 2,462m를 업힐했다. 라이딩을 시작한 지 열 시간이 넘어섰다. 이제 오늘은 조침령 하나만 더 올라가면 된다는 생각으로 제법 오래 쉬었다. 함께 올라온 그들이 나의 사진을 찍어주었다. 늘 혼자 셀카를 찍었는데 누군가 찍어준다니까 순간 어색하기도 했다. 그러는 사이 그들의 친구 부부가 차를 타고 왔다. 응원을 온 것이다. 쉽지 않은 코스 라이딩을 하는데 응원 오는 친구가 있다는 건 행복한 라이딩을 하고 있다는 증거이다. 그들을 뒤로 하고 나는 조침령을 향해 출발했다.

구룡령을 내려오는데 또 한 무리의 로드 사이클 라이더를 지나치면서 파이팅을 외쳐주었다. 구룡령에서 조침령터널까지는 약 24km인데 양양군 서면 서림 삼거리까지 대략 20km 정도가 계속 내리막이다. 반대로 생각하면 서림 삼거리에서 구룡령에 오르려면 20km거리를 업힐 해야 되는 것이다. 그 때문에 설악 그란폰도 코스의 일부인 이 구간을 참가자들이 무척 힘들어하기도 하는 길이다. 어쨌거나 다운힐하는 사람에게는 신나는 구간임에 틀림없다. 다운힐하는 도중에 길을 헤맬 염려도 없다. 오로지 양양을 향해서 달려 내려가기만 하면 되기 때문이다. 다운힐이 끝날 즈음 서림 삼거리에 도착한다. 조침령으로 가는 길은 서림 삼거리에서 설악산국립공원, 현리 방면으로 좌회전을 해야 한다.

조침령터널까지 남은 거리는 약 4km. 거리만 보고 얕잡아 봤다가는 큰코다친다. 서림 삼거리까지 150km를 달리면서 경사도가 10%를 넘는 구간이 거의 없었는데, 조침령으로 방향을 틀자마자 눈앞에는 거의 절벽 수준의 길이 나타나기 때문이다. 실제로 그런 게 아니라 지친 라이더의 눈에 그렇게 보인다는 말이다.

백두대간 1차 종주 라이딩을 할 때는 양양 송천민속떡마을에서 민박을 하고 아침에 출발하면서 맨 먼저 조침령에 올랐는데 그다지 힘들다고 느끼지 않았지만, 이번에는 마지막 고개라서 반대로 느껴졌다. 일단 한숨을 돌리고 마음을 다잡고 힘껏 페달을 밟았다. 보통은 페달을 돌린다는 생각으로 달리지만 이번에는, 여기서는 그게 안 된다. 업힐을 시작하자마자 브라이튼에 경사도가 12% 이상으로 표시된다. 이미 에너지를 많이 소진했기 때문에 케이던스로 업힐할 힘이 없다. 기어 비를 최대한 적절하게 맞추어 토크로 힘을 주기 시작했다.

조침령까지 이런 길을 업힐해야 한다.

　조금씩 천천히 올라가면서 좀 더 힘들면 무조건 쉬었다 가기로 마음먹으며 올라가지만 14%를 오르내리는 경사 때문에 페이스가 완전히 흐트러진다. 자전거에서 몇 번을 내렸다 오르기를 반복했는지 기억이 나지 않는다. 서림 삼거리에서 조침령 방면의 사진을 찍어보지만 사진상으로는 경사도를 실감하기가 어렵다. 그렇지만 실제로는 초입부터 숨이 막히게 하는 경사도를 보이고 있다. 도중에 쉬면서 올라온 길을 내려다보노라면, 내가 저 길을 어떻게 올라왔을까 하는 생각이 항상 든다. 올라가는 길 막바지에는 헤어핀을 몇 개 돌아야한다. 무지막지한 경사도를 보이는 까닭에 조침령 구간 업힐은 동호인들 사이에서도 악명이 높다.

조침령 터널과 조침령까지의 브라이튼 기록

　하지만 끝내 조침령터널(770m)에 도착했다. 높이가 770m라고 하지만, 그건 조침령 옛길의 정상을 말하는 것이고, 터널은 600m 정도의 높이다. 터널을 건설하면서 옛길은 통행을 못 하도록 막아놓았다. 물론 반대편인 내린천계곡을 지나고 진동계곡을 지나서 이어지는 길을 달리면 조침령 옛길로 하여 정상에 오를 수 있다. 내년에는 반대편 길을 통해 조침령 정상에 오를 계획을 하면서 터널표지판을 배경으로, 터널을 배경으로 인증샷을 남겼다. 그런 후 브라이튼을 보니까 153km 거리에 2,865m를 업힐한 걸 확인할 수 있었다. 긴장이 풀렸다. 그런 상태에서 쉬고 있는데 구룡령에 함께 오른 라이더들이 올라오고 있었다. 차를 몰고 온 친구분이 먼저 도착하여 나에게 막걸리 한 잔을 건넨다. 살짝 목만 축였다.

조침령에서의 다운힐은 경사가 급하기 때문에 더욱 조심해야 된다. 만일 위험을 무릅쓰고 다운힐을 하면 시속 100km도 나올 것 같다. 하지만 60km/h를 넘기지 않는 선에서 내려오기 위해 브레이크를 조작하며 금방 서림 삼거리에 도착했다. 심호흡만 크게 하고는 곧장 좌회전하여 송천민속떡마을을 향해 달렸다. 도중에 가게에서 담배 한 갑을 샀다. 서림 삼거리에서 송천민속떡마을까지는 10km가 조금 안 되는 거리이다. 첫 번째 종주 라이딩 때 여기서 민박을 했기 때문에, 나는 처음부터 여기서 민박을 할 생각이었다.

제일 가까이 보이는 민박집에 들어갔다. 휴가철이 지났기 때문에 빈방 걱정은 할 필요가 없었다. 나는 밥을 줄 수 있는지 물었다. 안 된단다. 2년 전 민박했던 집에서는 맛있는 감자 칼국수와 막걸리까지 먹을 수 있었는데 이 집은 안 된단다. 마음으로는 그 집을 찾아가고 싶었지만 몸이 말을 듣지 않았다. 하는 수 없이 주인에게 라면이라도 있는지 물으니까 컵라면이 있단다. 나는 주인이 마시려고 사놓은 술도 있으면 맥주와 소주를 달라고 했다. 그렇게 비용을 지불한 후 자전거를 방에 들여놓고 샤워부터 했다.

짐을 줄이기 위해 갈아입을 옷을 가져오지 않았기 때문에, 옷도 입지 않은 채 컵라면 두 개를 한꺼번에 냄비에 넣어서 끓였다. 컵라면도 끓여 먹으면 맛이 훨씬 더 좋다는 걸 경험으로 알고 있기 때문이다. 그리고 캔 맥주와 소주병 뚜껑도 땄다. 라면을 안주 삼아 맥주와 소주를 마셨다. 그러면서 브라이튼 액정을 보니 167km 이상의 거리를 달리면서 2,961m를 업힐한 걸 확인할 수 있었다. 거리보다는 획득고도 3,000m를 못 넘긴 게 아쉬움으로 다가왔다. 하지만 이내 다른 마음, 다른 목표가 꿈틀거리고 있었다. 당일 획득고도 3,000m를 달성하는 목표 말이다. 그건 올해 가능할지 아니면 내년이 되어야 할 수 있을지 아직 모를 일이다. 그런 생각을 하며 소주와 맥주를 마시는데 너무나 피곤해서 다 마시지도 못 하고 잠이 들었다.

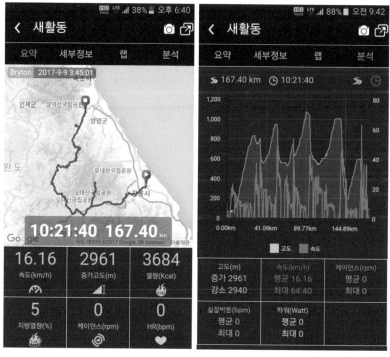

강릉터미널~대관령~진고개~속사재~운두령~구룡령~조침령~송천민속떡마을 구간 지도와 고도표

15 열다섯 번째 구간   백두대간 솔로 라이딩을 완성하다

거리 95km | 획득고도 1,651m

송천민속떡마을 ▶ 한계령(920m) ▶ 진부령(520m) ▶ 미시령(767m) ▶ 속초시외버스터미널

2017년 9월 10일 일요일. 드디어 백두대간 종주 솔로 라이딩의 대장정을 완성할 마지막 날이다. 전날의 피곤함에 소주와 맥주까지 더해서 일찍 곯아 떨어졌지만 새벽 5시로 설정해둔 알람 덕에 눈을 떴다. 이날은 한계령, 진부령, 미시령만 넘으면 되기에 늦게 일어나도 됐겠지만, 라이딩을 마치고 속초에서 대구까지 버스를 타고 가야 하기에 일찍 일어난 것이다. 그래도 깜깜한 새벽에 라이딩을 시작하지 않아도 되니 그게 어딘가!

간단하게 씻고 양갱 하나와 아미노바이탈 하나만 먹은 후 출발 채비를 했다. 사실 출발 채비랄 것도 없었다. 갈아입을 옷도 가져가지 않은 상태에서 그대로 곯아 떨어졌기 때문에, 세탁도 못한 전날 옷을 그대로 입었다. 그나마 다행인 건 강원도의 쌀쌀한 밤이라 난방을 하며 잠들었던 덕분

남설악터널을 빠져 나와서~

에 옷에 스며든 땀은 완전히 말라 있었다는 사실이었다.

전날은 대관령에 오르는 도중에 여명을 맞았지만, 이날은 여명 속에 라이딩을 시작했다. 강원도 양양 산골마을(?) 간간이 개 짖는 소리를 들으며 한계령을 향해서 출발하면 24km를 달려야 한다. 송천민속떡마을에서 한계령까지는 24km가 조금 넘는다. 마을 어귀를 벗어나 도로로 나서서 좌회전을 해야 하는데 높지도 않고 경사도 약하지만 처음부터 오르막을 만난다. 어떤 운동이던지 워밍업이 필요한데, 처음부터 이런 길은 정말 증오심마저 들 정도다. 그래도 어쩌겠는가? 달릴 수밖에.

마을에서 3km 조금 더 달리면 논화 삼거리가 나오고 인제, 한계령 방

멀리 보이는 풍광은 양양 방면의 풍광이다.

면으로 좌회전을 하여 오로지 직진만 하면 된다. 도중에 보니 못 보던 길이 생겼다. 서울~양양고속도로이다. 새로운 고속도로가 생기면 지역 경제에 미치는 영향이 지역에 따라 상당히 달라진다는 것을 알고 있지만, 우리 같은 라이더에게는 적어도 이전 도로의 교통량이 조금이라도 줄어들었을 것이기에 반가운 일이다. 어디까지나 라이더의 입장에서 보면 그렇다는 뜻이기에 다른 오해는 없기를 바란다.

그런데 이렇게 달리다보니 오른쪽 무릎 뒤쪽 오금 부위가 조금 저려온다. 오늘은 시간적 여유도 있고 거리도 전날에 비해 멀지 않기 때문에 처음부터 무리할 생각은 전혀 없었다. 하긴 전날에도 무리했다고 생각하지는 않았는데, 오금이 저려오니까 당황스럽기는 하다. 아무리 무리하지 않으려고 했지만 결국 무리가 되었다는 반증이리라. 그래도 워밍업이 제대로 된 상태였다면 괜찮지 않았을까 생각하며 천천히 페달을 돌린다.

논화 삼거리에서 한계령까지 21km가 조금 넘는 길은 끝까지 오르막이다. 조금 가다보니 남설악 터널이 나온다. 왕래하는 차량은 별로 없었지만, 간간히 지나가는 차량들은 길이 곧게 뻗어 있다 보니 규정 속도 이상으로 달린다. 전조등 두 개를 켜고 후미등 세 개를 켰다. 반사조끼는 처음부터 입고 달린다. 그래도 최대한 조심하며 터널을 빠르게 통과했다. 터널을 통과해서 보니 설악의 푸른 풍광이 라이더의 눈과 기분을 상쾌하게 해준다. 이런 풍광은 카메라에 담아야 한다.

지나온 터널을 촬영하고 나아갈 길을 보니 한계령 방향으로 멀리 설악산이 눈에 들어온다. 이 풍광 역시 가슴과 카메라에 새겨놓았다. 그런 후 지나온 길을 뒤돌아보니 이 또한 내가 사는 도시에서는 만날 수 없는 깊은 계곡의 모습이라 계속해서 셔터를 눌러댄다. 그렇게 주변 풍광을 감상하며 완만한 경사의 오르막길을 계속 올라가면서 주변에 드문드문 있는 집들을 지나고, 논화 삼거리에서 10km 가까이 달렸을 때 예쁘게 단장한 모습을 한 오색초등학교가 눈에 들어왔다. 송천민속떡마을을 출발하여 한계령까지 구간의 절반 이상, 12km 이상을 달렸으니 제대로 쉬어도 되리라.

방학이라 아이들의 모습은 보이지 않았던 오색초등학교

이때가 2017년 9월 10일 오전 6시 50분경이었다. 우선 아침 식사를 하고 싶었지만 식당은 보이지 않았다. 하긴 식당이 있더라도 그 시간에 이곳에서 식사를 할 수 있는 곳은 거의 없지 않겠는가? 오색초등학교를 둘러보기 전에 가까이에 있는 가게에서 빵이 있는지를 물었다. 그런데 빵이 없단다. 금방 소비가 안 되기 때문에 어쩔 수 없단다. 맞는 말이다. 이런 곳에서 나 같은 라이더가 아니라면 누가 빵을 사 먹을까? 대신 초코파이 두 개를 샀다. 이게 아침식사였다.

얼른 먹고 멀리 보이는 풍광을 카메라에 담았는데, 눈으로 볼 때와 기계에 담은 게 너무나 다르다. 오색초등학교로 갔다. 전교생이 몇 명일까?

오색약수 이정표와 한계령 이정표

오색약수터 근처에 있는 학교라서 여름이면 관광객과 행락객들 때문에 조용하지 않을 것 같다는 생각이 든다. 학교 건물은 예쁘게 색칠해져 있었지만, 이곳 학생들의 마음은 어떤 모습을 하고 있을지 참 궁금했다. 적어도 도시의 아이들처럼 학업에 찌든 모습만은 아니기를 바라면서 안장에 올랐다.

오색초등학교에서 한계령까지 거리는 11km가 조금 더 된다. 잠시 후 오색약수터로 가는 길을 알려주는 이정표와 한계령까지 10km가 남았다는 이정표를 지났다. 경사가 가끔 급해지기도 하지만 걱정할 필요는 없다. 급할수록 돌아가라는 말처럼 오늘은 그렇게 천천히 주변도 살피면서 올라간다.

좀 더 올라가니 이번에는 대청봉 등산로 입구가 나타난다. 언제 생겼는지는 모르지만, 등산객의 산악사고를 사전에 예방하기 위해 설치하기를 잘했다는 생각이 든다. 이걸 보면서 내가 30년쯤 전 한겨울에 딱 한 번 대청봉 등산을 했던 기억이 떠올랐다. 그때 백담사를 거쳐서 소청과 중청,

한계령으로 오르는 도중에 이런 멋진 풍광을 원 없이 볼 수 있다.

희운각 대피소 등에도 들렀는데, 지금은 이런 대피소의 위치가 명칭마저 정확한지 가물가물하다. 당시 하산하던 코스가 바로 지금 내가 자전거를 타고 올라온 오색약수터 쪽 등산로였다.

입산 가능 시간을 새벽 3시부터 정오까지로 한정해 두었는데, 아무래도 정오가 지나서 등산을 시작하면 일몰 이전에 하산하지 못해서 조난당할 가능성이 크기 때문이리라. 하지만 자전거를 타는 사람들 가운데에도 안전 장비를 갖추지 않거나 교통법규를 지키지 않는 사람이 있는 것처럼, 등산객들 가운데에도 규정이나 규칙 등을 지키지 않아서 조난을 당하고, 그래서 구조대원을 힘들게 하거나, 심지어는 목숨까지 잃는 사람들도 뉴

2007년에 무너진 계곡을 복구한 뒤 10년이 흐른 현재의 모습

옆 난간에는 무너지기 이전의 사진들이 걸려 있다.

스를 타고 있는 걸 보면 몹시 안타깝다.

　그런 생각을 하며 다시 페달을 돌리기 시작한다. 처음보다 경사가 좀 더 급해진 느낌이다. 그래도 힘들지는 않다. 시합을 하는 것도 아니고 기록 경쟁을 하는 것도 아니며 누구에게 보이기 위한 것도 아닌, 오직 나 자신에 대한 도전을 하는 것인데, 그게 완주에 목표가 있기 때문이다. 그래서 업힐 도중에 멋진 경치의 자연을 만나면 자전거에서 내려서 사진을 찍기에 바쁘다. 비록 눈으로 보는 것만큼은 아니지만 그냥 지나칠 수는 없지 않은가. 작고하신 사진작가 김영갑 님은 "눈으로 찍고 마음에 인화한다"고 하신 적이 있다. 너무나 가난해서 필름을 살 돈이 없을 때 스스로를 위로했던 말이다. 지금은 스마트폰으로 찍을 수 있으니 실제 풍광과 같지는 않을지라도 부지런히 셔터를 누른다.

　다시 안장에 올라서 한계령을 향해 가는데 이번에는 2007년 한계령 수해복구를 완료한 현장을 만났다. 한계령에 도착하기까지는 약 3.3km를 앞둔 지점인데, 복구된 계곡의 상태로 보아 당시에 얼마나 많은 비가 퍼부었을지 상상이 되지 않는다. 그나마 다행인 점은 인간에 의해 인위적으로 훼손된 게 아니라 하나의 자연이 또 다른 자연의 힘에 의해 형태가 달라졌다는 사실이다.

　만일 복구를 하지 않고 그대로 놔둔다면 어떨까? 나는 자연은 무조건 그대로 놔두어야 한다는 입장을 가지고 있다. 어쩌면 이런 생각이 모순적

위에서 내려다보면 올라온 길이 까마득하게 보인다.

이라는 것도 안다. 당장 지금 내가 라이딩을 하고 있는 게 자연의 측면에서는 인간에 의해서 훼손된 길을 따라 가는 것이기 때문이다. 내 스스로 이런 생각을 해보니 할 말이 없어진다. 그래서 최대한 지킬 건 지켜가면서 라이딩하자는 생각 정도로 타협을 하고 다시 달린다.

이제 한계령까지 얼마 남지 않았다. 2년 전 백두대간 1차 종주 라이딩 때 양양 쪽으로 빠른 다운힐을 하느라고 제대로 느끼지 못한 한계령 동쪽 지역을 바라보며 감상에 잠긴다. 오늘 내가 올라온 굽이쳐진 길이 눈에 들어온다. 경사가 급하지 않아서 그다지 힘들지는 않았지만, 그래도 위에서 내려다보면 저 길을 내가 자전거를 타고 올라왔다는 데 대해 스스로 뿌듯함을 느낄 때가 많았다.

산길이건 자전거길이건 일직선으로 곧게 뻗어 있는 길을 좋아하지 않는다. 그런 길은 지루하기 때문에 달리기에 너무나 힘이 든다. 나는 스프린터가 아니라 지구력과 끈기를 바탕으로 장거리 도로 업힐을 제일 좋아하기 때문에, 경사가 있으면서 이리저리 굽은 길을 즐겨 찾는다. 백두대간 종주 라이딩이 아니라면 일부러 그런 길을 찾아 가기도 한다. 하지만 백두대간 종주 라이딩 길은 일부러 찾아 나설 필요가 없다. 모든 게 변화무상하기 때문이다. 이렇게 보면 한계령에 오르는 길은 동쪽에서나 서쪽에서나 모두 그다지 힘들지 않으면서 즐겁게 달릴 수 있다. 그런 길이 지금 내 눈앞에 펼쳐져 있다.

조금 더 올라가자 필례 약수터로 가는 길이 이정표와 함께 왼편에 나타났다. 이번 라이딩 코스를 계획하면서 필례 약수터를 거쳐서 가는 길도 많이 생각해봤다. 만일 전날 조침령터널을 통과했더라면 오늘 필례 약수터를 거쳐서 한계령에 올랐을 것이다. 그런데 지난번에는 한계령에서 양양 쪽으로 다운힐했기 때문에 이번에는 반대로 같은 길을 올라보고 싶었던 것이다. 필례 약수터를 경유해서 한계령에 오르는 라이딩은 다음 기회로 미루어두었다.

필례 약수터로 가는 이정표 맞은편에서 지금까지 올라온 길을 보니까 그 높이를 선명하게 느낄 수 있었다. 멀리 급격한 헤어핀이 보인다. 자전거를 타고 이런 곳에 올라보지 않은 사람들은 한결같이 도대체 이런 곳

한계령에서 필례약수로 가는 길

필례약수로 가는 길에서 내려다보이는 양양 방면 풍광

백두대간 종주 라이딩 로드맵

한계령 표지판   한계령의 다른 이름인 오색령 표지석

에 어떻게 자전거를 타고 올라오느냐고 묻는다. 뭐, 달리 할 말은 없다. 끈기를 가지고 자전거 바퀴를 한 바퀴 두 바퀴 돌리다보면 결국에는 오르게 되는 곳이 정상에 있는 모든 고개이니까. 이제 500여 미터만 가면 한계령 정상이다.

　한계령(920m) 정상에 도착한 시각은 오전 8시 30분경. 송천민속떡마을을 출발한지 두 시간 반 만에 한계령에 올랐다. 만일 대회였다면 무조건 컷오프이다. 그렇다, 나는 대회에 참가한 선수였다. 단, 다른 사람과 경쟁하거나 제한 시간을 다투는 대회에 참가한 것이 아니라 나 자신과의 싸움에, 내가 정한 목표에 도달할 수 있느냐 그렇지 못하느냐 하는 그런 대회

한계령에서 보이는 설악산 암릉

에 참가한 것이다. 그런 대회에서 지금까지 나는 1등으로 달리고 있는 중이다.

　한계령의 다른 이름 오색령. 한여름이면 휴가철이건 아니건 간에 사람들이 참 많이 오는 곳이다. 한계령에도 대청봉으로 오르는 등산로 입구가 있어서 등산객들도 많지만, 고속도로가 아닌 일반국도를 통해서 동해로 떠나는 사람들이 대부분 잠시라도 머물렀다가 가는 곳이 바로 한계령이다. 날씨가 맑으면 맑은 대로 흐리면 흐린 대로, 폭우만 아니라면 비가 오나 눈이 오나 안개가 끼어있거나 간에 모든 환경에 자신의 모습을 변화무쌍하게 보여주는 자연풍광을 지닌 곳이 바로 한계령이다.

한계교차로에서 용대리로 가는 구간에 만들어진 자전거길

　이런 풍광 속에서도 담배가 피우고 싶었다. 하지만 설악산국립공원 지구 안이 아닌가? 참을 수밖에. 그런데 주변에 대청봉 등산객은 담배를 꺼내 불을 붙인다. 그들에게 한계령에서 대청봉까지 몇 km인지, 시간은 얼마나 걸리는지를 물어보니 거리는 약 8km 정도이고 4시간 가까이 걸린단다. 그 대답을 듣고 나니까 라이딩이 얼마나 좋은 운동인지, 아니 왜 최고의 운동인지를 더욱 실감하게 되었다.

　나는 개인적으로 당일 300km 정도를 두 번 달려봤다. 200km 정도는 굳이 말할 필요가 없으리라. 당일로 자전거를 타고 오르막을 올라간 획득 고도의 최고 기록도 거의 3,000m 가까이 된다. 등산과는 달리 올바른 라

우리 역사의 질곡을 간직하고 있는 백담사 이정표

이딩 자세만 익혀서 달리면 무릎에 거의 무리가 없다. 반면 등산은 특히 하산할 때 무릎 연골을 손상하기 쉬운데, 나이가 들수록 그 정도가 심해진다. 이런 생각을 하며 진부령에 오르기 위해 우선 한계 교차로를 향해 달리기 시작했다. 사실 한계령을 빨리 벗어나야 담배도 피울 수가 있으니까.

한계령에서 한계 교차로까지는 16km 정도의 거리이다. 게다가 지금까지 업힐을 했으므로 당연히 다운힐이다. 적어도 한계 교차로까지는 신나게 달리는 일만 남았다. 한계 교차로 인근에 있는 식당에서 비로소 제대로 된 아침 식사, 황태해장국을 먹었다. 지금으로부터 10년도 훨씬 더 된 어느 시기에 어릴 때의 친구가 인제 원통 어느 군부대의 대대장이었다. 우리 가족이 여행을 하면서 그 친구가 제공한 숙소에서 잠을 자고 속초를 향해 미시령을 넘기 전 백담사 근처 어느 식당에서 황태해장국을 처음 먹어봤는데, 그때의 추억을 떠올리면서 황태해장국을 시켰다. 그 당시의 맛이 워낙 강하게 남아 있어서, 그때의 맛보다는 못한 것 같았지만, 그래도 여명 속에 출발하여 처음 제대로 식사를 하는 것이라 맛있게 먹었다.

용대 삼거리 매바위에 만들어놓은 인공폭포

백골병단전적비

식사를 마치고 담배도 맛있게 피우고, 진부령으로 가기 위해 우회전을 했다. 잠시 46번 도로를 따라 가는가 싶더니 이내 속초방면 자전거 우선 도로로 접어든다. 지나가는 차량 한 대 없이 오로지 나 혼자 자전거를 타고 오르막 경사를 거의 느낄 수 없는 길을 따라 달리노라니 기분이 참 좋다. 무엇보다 여유가 있어서 좋았다. 주변 계곡 풍광도 즐기면서 올라가는데, 자전거 우선도로에는 마치 국토 종주 자전거길처럼 파란색 페인트가 칠해져 있다. 처음 이 길을 따라 달리는 사람도 큰 어려움 없이 미시령을 넘어서 속초까지 달릴 수 있겠다는 생각이 들었다.

도중에 백담 교차로에서는 잠시 달리는 걸 멈추고 이정표를 카메라에 담기도 한다. 마음 같아서는 백담사에도 가보고 싶었지만, 아무리 여유가 있다한들 그 정도는 아니어서 사진만 찍고 가던 길을 계속 간다. 그렇지만 백담사가 우리 역사에서 만해 한용운 선생님을 큰 인연으로 했지만, 근래에는 백성을 무참하게 살육한 전두환이라는 자가 유배 아닌 유배 생활을 잠시 하기도 한 역사의 현장이라는 점을 생각하며 지나간다.

한계 교차로를 출발하여 15km가 좀 더 지나서 용대 삼거리에 도착했다. 한계 교차로를 기점으로 보면 용대 삼거리에서 좌회전을 하면 진부령으로 가고 우회전을 하면 미시령, 속초로 간다. 용대 삼거리에 도착하니까 명칭은 모르지만 매바위 꼭대기에서 떨어지는 폭포수가 바람에 포말을 날리며 맞이해준다. 사진을 찍기는 하지만 그 폭포수가 인공적인 것이

진부령에는 이렇게 많은 표지석이 있다.

라는 걸 알고는 조금 쓸쓸하다. 그래도 없는 것 보다는 낫다.

그리고 백골병단 전적비를 카메라에 담았다. 이번이 여기에 세 번째 오는 것이지만 백골병단 전적비를 카메라에 담는 것은 처음이다.

용대 삼거리에서 미시령으로 올라가는 도중에 볼 수 있는 기암

늘 바쁘게 달려가기만 했지 신경을 쓰지 않았지만 이번에는 한껏 여유를 부려본다. 사실 이런 전적비가 있다는 자체가 우리 역사의 비극을 보여주는 것이다. 다른 건 다 세워져도 전쟁의 상흔을 표시하는 전적비만큼은 앞으로는 세워질 일이 없으면 하는 소망이다.

다시 진부령을 향해 달리기 시작한다. 용대 삼거리에서 진부령까지는 6km가 조금 덜 된다. 역시나 경사가 거의 없는 것처럼 느껴지거나 완만하다. 진부령이 가까워지면 약한 경사를 보일 뿐이다. 용대 삼거리의 해발 고도가 350m 정도 될까? 아무튼 용대 삼거리에서 진부령까지 5.6km 정도를 달리는 동안 상승고도는 200m가 채 되지 않으니 힘들 건 전혀 없다.

그렇게 쉽게 진부령(520m)에 도착하여 주변의 백두대간 표지석부터 시작하여 기념될 만한 것들은 모두 카메라에 담는다. 백두대간 진부령 표지석 옆면에 보면 백두대간의 길이는 백두산에서 지리산까지 1,400km이고 진부령은 지리산 천왕봉을 기점으로 684km 지점에 위치한다고 되어 있다. 거의 중간 지점이라는 말이다. 백두대간 종주 라이딩의 북쪽 방향 마지막 고개가 바로 진부령이다.

나는 통일이 되면 나머지 북쪽 구간도 자전거를 타고 넘고 싶다. 아니 통일 이전에도 할 수만 있다면 달려보고 싶다. 나이와는 상관없다. 중요한 건 나의 의지이다. 백두대간 종주 라이딩을 하기 위해서는 도로로 연결된 고개를 넘어야 하는데, 달리다 쓰러지는 한이 있더라도 북녘 땅 백두대간 고개를 넘을 수만 있다면 무조건 출발할 것이다.

그런 생각들을 하며 다시 왔던 길을 되돌아서 용대 삼거리로 달려 내려간다. 미시령을 넘기 위해서이다. 용대 삼거리로 가는 길은 제아무리 경사가 완만할지라도 내리막은 내리막이다. 완만한 경사이기 때문에 큰 위험성 없이 신나게 달릴 수 있다. 용대 삼거리에 도착해서도 멈추지 않고 그대로 핸들을 돌려 미시령으로 향한다.

용대 삼거리에서 미시령까지는 7km. 백두대간 종주 라이딩의 피날레를 장식할 고개이다. 속초에서 출발하여 자전거를 타고 미시령을 넘은 적은 두 번 있지만, 반대로 인제 방면에서 미시령을 넘는 것은 이번이 처음

마침내 미시령 표지석에 도착했다.

2017년 9월 10일 12시 50분, 백두대간 종주 솔로 라이딩을 완성한 사진이다.

이다. 지도에 보면 미시령 옛길이라고 나오는데, 본격적으로 미시령 옛길이 시작되는 것이다. 미시령터널이 생기면서 관광과 여유를 즐기는 사람이 아니라면 미시령 옛길을 넘는 사람이 거의 없다.

그런데 민박집을 출발하여 용대 삼거리까지는 특히 힘들다는 경사길을 만나지 않았지만, 용대 삼거리에서 미시령까지는 이전 구간과는 달랐다. 이전에 미시령에서 용대 삼거리 쪽으로 다운힐할 때는 크게 느끼지 못했는데, 미시령이 가까워질수록 경사가 급해지더니 나중에는 14%를 넘는 곳도 나타난다. 체인링을 26T 이너로 바꾸고 천천히 올라간다. 간간히 드라이브하는 것 같은 차량도 지나간다. 그런가 싶더니 정상이 가까워지자 안개도 조금씩 내려온다. 앞이 안 보일 정도는 아니지만 그래도 슬며시 걱정이 되기도 한다. 혹시라도 안개기 너무 짙으면 어찌할까? 하지만 한편으로는 그래봐야 한낮인데 특별히 위험하지는 않겠지 하는 생각을 하며 올라가니 눈앞에 미시령임을 알리는 표지판이 보인다.

만세!!! 지리산 성삼재를 기점으로 67여개의 고개를 넘어서 마침내 미시령에 도착했다. 그것도 혼자서, 오로지 대중교통으로만 이동하면서. 그런 나를 칭찬해주어도 된다. 아니, 당연히 칭찬해야 한다. 고함까지는 아니었지만, 나는 미시령에 도착해서 "문성화, 너 참 대단한 놈이야. 너 정말 장해!" 하는 말을 내뱉었다.

미시령에는 아무도 없었다. 미시령 표지석 맞은편에 있던 휴게소도 폐

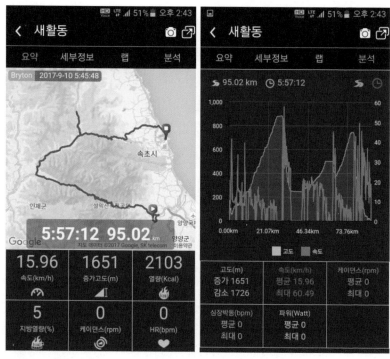

송천민속떡마을～한계령～진부령～미시령～속초터미널 구간 지도와 고도표

허가 된 지 오래이다. 아예 철조망으로 봉쇄해버렸다. 그런데 올라올 때 보았던 안개보다 더 짙은 안개로 앞이 잘 안 보일 정도이다. 내가 미시령에 두 번째 올랐을 때는 2016년 7월 18일 새벽 4시경이었는데, 그 당시는 속초에서 미시령을 거쳐 춘천까지 라이딩하는 도중이었다. 그때 속초～춘천 구간만 달리면 인천～속초를 라이딩으로 연결하는 것인데 동해안,

남해안, 서해안, 인천~속초까지 포함하여 대한민국 4면을 라이딩으로 연결하게 되는 의미 있는 날이었다.

그날은 대구에서 심야버스를 타고 속초시외버스터미널에 도착해서 새벽 2시 30분부터 라이딩을 시작했다. 미시령이 가까워질수록 안개비가 제법 많이 내렸던 날이다. 5m 앞이 안 보였다. 용대 삼거리까지 달리는 동안 지나가는 차량은 딱 두 대였다. 나는 그때부터 야간 라이딩을 할 때 멧돼지가 나타날까봐 두려워하기 시작했다. 그렇다고 해서 멧돼지를 만난 것은 아니다. 그래도 두려운 걸 어떻게 할 것인가?

이제는 집과 가족이 있는 대구로 가야 한다. 미시령을 내려가야 한다. 그런데 안개가 짙게 깔려 있다. 하지만 걱정은 안 된다. 3개의 전조등을 있는 대로 나 켜고 후미등도 4개를 켰다. 그 중 몇개는 깜빡이등으로 설정하고 다운힐하기 시작했다. 도로에는 자전거 우선도로라는 글자가 선명하게 표시되어 있다. 그 길을 따라 달리니 잼버리로와 연결된다. 도로 포장도 새로 해두었다. 46번 도로를 따라 직진을 하면 16km가 조금 넘을 거리가 새로 표시해둔 자전거 우선도로를 따라 달리다보니 20km를 넘게 달려서야 속초시외버스터미널에 도착하게 되었다.

속초시외버스터미널에 도착해서 브라이튼을 확인해보니 95km의 거리를 달리면서 1,651m를 업힐한 걸 알 수 있었다. 어제와 오늘, 이틀 동안 263km를 달리면서 4,612m 높이를 올랐다. 그동안 백두대간 종주 솔로 라이딩을 하면서 보통 100km 거리에 획득고도는 1,500m 정도였는데, 이번에는 마지막 구간인 데다가 집에서 가장 멀리 떨어져 있는 지역이라 좀 더 힘을 낸 결과이다.

가장 이른 시각에 대구로 가는 표가 모두 매진이라서 영주를 거쳐서 가기로 하고, 터미널 근처 식당에서 아침과 마찬가지로 황태해장국을 주문하고 맥주도 한 병 시켰다. 버스를 타고 집으로 향하면서 생각에 잠긴다. 또 다른 목표가 속에서부터 스멀스멀 올라온다.

내년에는 오로지 로드 사이클로만 백두대간 종주 라이딩을 할 예정이다. 시기와 상관없이 당일 획득고도 3,000m를 달성하고 이어서 4,000m를 달성할 것이다.

백두대간 종주 솔로 라이딩은 내가 살아 있음을 증명해준다.

백두대간 종주 라이딩 로드맵

16

열여섯 번째 구간 백두대간 솔로 라이딩을 완성을 자축하며

거리 60km | 획득고도 1,011m

남원시외버스터미널 ▶ 여원재(480m) ▶ 오도재(773m) ▶
지안재(360m) ▶ 함양시외버스터미널

9월 10일 미시령을 넘는 것을 마지막으로 올해 백두대간 종주 솔로 라이딩을 완성하고 17일에는 청도 늘푸른연합의원 김현철 원장의 4대강 종주 완성을 서포트하기 위해 명디자인 이동명 아우와 함께 셋이서 금강 종주에 나섰다. 결과적으로 나와 이동명 아우는 실로 오랫만에 유람 라이딩을 했고 김현철 원장은 동해안과 제주도를 제외한 모든 자전거길 종주 라이딩을 완성한 날이었다. 그리고 일주일 후 24일에는 다시 셋이서 라이딩 버스를 이용해서 동해안 자전거길 경포해변 인증센터~임원 인증센터 부분 종주에 나서서 도중에 전설의 업힐왕 김팔용 님도 만나면서 조금은 힘들었지만 즐거운 라이딩을 했다.

다시 일주일이 흘러 9월 30일 토요일, 이번에는 이동명 아우와 함께 대

여원재로 향하는 길

구서부시외버스터미널에서 아침 7시 55분에 출발하는 남원행 버스를 탔
다. 여원재와 오도재, 지안재를 넘기 위해서였다. 도발 카페 회원이신 유철
희 님과도 남원시외버스터미널에서 만나기로 약속되어 있었다. 나는 나름
대로 백두대간 종주 솔로 라이딩을 자축하는 의미를 부여하기로 했다.

　사실 백두대간 종주 솔로 라이딩을 하면서 여원재를 뺐는데, 이번에 가
게 된 까닭은 여원재는 차량 통행량도 많은 데다가 무엇보다 고개 같은
느낌이 들지 않기 때문이었다. 그나마 남원에서 함양 방면으로 가면 약간
의 업힐이 있지만, 반대 경로는 전혀 고개의 느낌이 들지 않는다. 만일 함
양에서 남원 방면으로 달릴 경우 여원재임을 알리는 간판이 없다면, 추풍

령과 마찬가지로, 고개일거라고 전혀 생각하지 못할 것이다. 그래서 나는 이번 라이딩 코스에 오도재와 지안재를 함께 넣은 것이다.

남원시외버스터미널에 도착한 우리는 대합실 안을 두리번거렸지만 유철희 님이 보이지 않았다. 밖으로 나와서 조금 있으니까 로드 사이클을 탄 한 사람이 다가온다. 그는 이미 새벽 3시에 집이 있는 산청을 출발해서 하동과 구례를 거쳐 100km 이상 달려온 상태였다. 나보다 스무 살이 더 어리지만, 장거리 라이딩을 하는 데 있어서는 나이가 문제가 아니라 열정이 중요하다. 그렇게 셋이 된 우리는 터미널 맞은편에 있는 왕만두집으로 가서 간식으로 만두와 콜라 하나씩을 먹고 곧장 여원재를 향해 출발했다.

100km 이상을 달려온 유철희 님의 컨디션을 생각해서 그다지 빠르지 않게 무리하지 않고 달렸다. 가는 도중 노도 중간 중간에 분리봉이 설치된 곳이 제법 있다. 중간 분리봉이 있다는 것은 그만큼 차량 통행이 많고 위험하다는 표시이기도 하다. 대부분 도로 라이딩을 하는 나로서는 이런 곳을 최대한 피하고 싶다. 남원에서 여원재로 향하는 길은 경사가 조금씩 높아지기는 하지만 경사도가 갑자기 급해지지는 않는다. 3~4%를 유지하다가 급하다고 해봐야 7~8% 수준이다. 내가 앞서 가서 기다렸다가 두 사람이 달리는 사진을 찍어주기도 한다. 유철희 님도 크게 힘들어하는 모습은 아니다. 역시 젊어서 그런가? 대부분 혼자 라이딩하는 나도 피사체가 되어보기도 했다.

남원시외버스터미널을 출발하여 14.5km가 지난 지점에서 여원재임을 알리는 표지판을 만났다. 높이는 480m. 1,000m가 넘는 성삼재와 정령치에 비교하면 지리산 자락에서 고개라고 칭하는 것도 부끄러울 정도이다. 하지만 고개는 고개이다. 인월면에서 출발하여 남원으로 가는 길에는 여원재가 그저 평범한 길 한가운데 위치하고 있을 뿐이다. 내가 처음 여원재를 통과한 것은 2014년 6월 대구에서 출발하여 국도를 따라 담양까지 204km 라이딩을 할 때였다. 그때는 담양을 거쳐서 영산강 자전거길을 따라 목포까지 1박 2일로 라이딩했다. 그리고 두 번째는 2015년 여름 첫 번째 백두대간 종주 라이딩을 할 때 인월에서 출발하여 여원재를 지나갔다. 그런 느낌으로 이번에는 백두대간 종주 솔로 라이딩을 계획하면서 코스지도를 그리면서 여원재를 군이 넣지는 않았는데, 마침 아우 한 명과 함께 유철희 님을 만나는 겸 오도재와 지안재를 함께 라이딩하는 것이다.

인증 사진만 찍고 우리는 잠시 쉬는 틈도 없이 인월로 가서 점심을 먹기로 하고 바로 출발했다. 10km가 조금 더 지나서 인월면을 통과했는데, 산내 쪽으로 가면서 이전에 들렀던 추어탕 집을 찾았다. 지리산IC가 생기기 이전, 내가 대학생일 때 여름 겨울 할 것 없이 방학 때면 거의 늘 찾던 곳이 지리산 달궁마을이고, 대구를 출발한 시외버스를 타고 인월에 내려서 산내를 거쳐 달궁마을로 가는 버스로 환승했기 때문에 기억이 생생하다.

인월 사거리에서 우측 방향으로 들어서자마자 있는 추어탕 식당으로 갔다. 이 식당 역시 지리산 라이딩을 하면서 이미 두 번 와본 곳이다. 경상도 청도식 추어탕이 맑은 편이라면 남원식 추어탕은 상대적으로 좀 뻑뻑한 편이다. 유철회 님의 휴식을 겸해서 우리는 추어탕으로 점심을 먹으면서 서로의 이야기보따리를 풀어놓았다. 세 아들의 아빠이자 남편인 유철회 님은 아내에게만 육아를 전념하게 하는 게 미안해서 하루 종일 라이딩할 기회가 없었는데, 이번에 나를 핑계 삼아 아내에게 특별 라이딩 휴가를 받은 것이었다. 그래서 집에서 출발하여 지리산을 중심으로 둘레를 한 바퀴 회전하는 라이딩을 계획하고 새벽 3시에 출발했다고 한다. 그는 이 지점까지 130km 정도를 달린 것이다. 아직 70km 이상을 더 달려야 다시 집으로 돌아갈 수 있다.

식사를 마친 우리는 오도재를 향해서 출발했다. 지리산에서 흘러나오는 냇물을 오른편에 끼고 달려서 실상사 앞을 지나친다. 아주 살짝살짝 오르막과 내리막이 있지만 도로 라이딩에 재미를 더해주는 정도이지 전혀 힘들지는 않다. 시간을 아끼는 의미에서 실상사에 들리지는 않고 계속 달려서 마천면사무소 앞도 그냥 통과한다. 중간에 칠선계곡으로 가는 길임을 알리는 표지판도 오른편에 있다. 그렇게 13km 정도를 쉬지 않고 달려서 왼쪽으로 함양과 오도재 방면 그리고 산청과 유림 방면으로 가는 삼거리 갈림길에 도착했다. 여기서부터 5km 남짓한 구간은 본격적인 업힐 구간이기 때문에 잠시 휴식을 취한다. 휴식을 하면서 멀리 보니 마애석불이

오도재와 산청으로 가는 갈림길에서 보이는 마애석불

보였다. 가까이 가보지를 않아서 누가 언제 조각했는지는 모르지만, 덤프트럭이 그 주변을 부지런히 드나들고 있는 게 보였다. 석산을 깎아 내는 것 같았는데 정확하지는 않다.

여기서부터 오도재와 지안재를 거쳐서 함양시외버스터미널까지는 지난 해 7월에 달렸던 구간이다. 그렇기 때문에 경사도를 이미 알고 있다. 지난번에는 아스팔트의 열기가 더해져서 속도계상 기온이 44도까지 표시된 날이었는데, 도중에 열사병 증상이 있어서 나무 그늘에서 큰대자로 누워서 20분 가량 쉰 적이 있다. 지금 그 길을 업힐하는 것이다.

두 사람에게 미리 일러두었다. 10% 이상의 경사가 이어지니까 페이스 조절을 잘 하라고. 초반부터 10% 이상의 경사가 시작된다. 나는 초반에는 두 사람과 함께 페이스를 맞춰가며 올라갔지만, 나의 경험상 무조건 다른 사람의 페이스에 맞추는 것은 더 힘든 일이다. 물론 선수급 초고수라면 모르겠지만, 적어도 나의 경우에는 그러했다. 그래서 조금 올라가다가 나는 두 사람을 추월해서 나의 페이스대로 묵묵히 올라갔다.

경사는 점점 가팔라진다. 12%를 넘어서다가 올라갈수록 급해져서 15%를 넘기기도 한다. 일단 지리산 조망공원까지만 가면 수월하다 그 전까지의 경사가 문제이다. 출발 지점부터 지리산 조망공원까지는 5km가 조금 더 되는 거리이다. 그 이전에 약 4km 지점에 촉동마을회관이 있는데, 여기까지가 업힐의 클라이맥스다. 작년에도 그랬지만 이번에도 여전히 힘이 든다. 나는 작년과 똑같은 장소에서 쉬면서 두 사람을 기다렸다. 작년에는 20분 정도를 아예 누워서 잘 것처럼 쉬었지만, 이번에는 한여름이 아니라서 그런지 왔다 갔다 하면서 두 사람을 기다렸다.

두 사람이 도착하기 전 다른 라이더 두 사람이 로드 사이클을 타고 올라온다. 파이팅을 외쳐주고 좀 있으니 또 한 사람이 자전거를 타고 올라온다. 그에게도 역시 파이팅을 외쳐주고 잠시 지나니까 두 사람이 올라오는 모습이 보인다. 이제 좀 쉬자며 파이팅을 외쳐주었다. 사진으로는 잘 알 수 없지만 경사도가 15%를 넘어선다.

라이딩을 하지 않는 사람은 왜 그렇게 힘들어하면서 자전거를 타느냐

맑은날이면 지리산 조망공원에서는 천왕봉이 선명하게 보인다

마천에서 오도재를 오르기 위해서는 이런 급경사도 극복해야 한다.

최익현 선생님의 시 「천왕봉」

도발 체인링 최신판 5G Nano

오도령(오도재) 표지석 뒤로 보이는 것은 '지리산제일문'이다.

고 말한다. 나는 대답한다. 힘들지 않으면 과연 성취감을 느낄 수 있겠느냐고? 힘들기 때문에 재미가 있다. 다운힐 때문에 업힐하는 게 아니다. 힘든 업힐 자체가 좋다. 거기서 나는 살아 있음을 느낀다. 물론 좀 더 쉽게 오르고 싶기는 하다. 그 때문에 업힐에 더 효과를 발휘하는 도발 체인링에 열광하기도 한다. 그렇지만 아무리 좋은 도발 체인링일지라도 자전거의 한 부속품이라는 사실은 변하지 않는다. 결국에는 나의 힘으로, 나의 두 다리로 페달을 돌려야만 정상에 오를 수 있다. 그렇게 나는 나의 육체와 정신력의 한계까지 나 자신을 밀어붙이는 데에서 희열을 맛본다.

여기까지 올라온 아우는 나에게 담배 한 대를 더 피우기를 권한다. 내가 담배를 피우는 동안 더 쉴 수 있기 때문이다. 힘들게 올라왔지만 서로를 놀려가며 조금이나마 피로를 잊으려고 한다. 그렇게 잠시 휴식을 취하고 다시 업힐을 해야 한다. 지리산 조망공원까지는 아직 1km 정도는 더 올라가야 하는데 경사도는 여전히 12~13%를 보이고 있다. 그래도 15%를 넘지 않으니 그게 어딘가.

남원시외버스터미널을 출발해서 45km를 넘게 달려서 지금 우리는 비록 멀리서나마 천왕봉을 마주보며 서 있다. 다행히 날씨가 쾌청해서 또렷하게 보였다. 남한에서 제주도를 제외하고 가장 높은 산봉우리 1,915m의 높이를 가진 천왕봉이다. 마치 자전거를 타고 천왕봉에 오른 착각이 들 정도이다. 한참을 쉬었다. 모두 쾌청한 날씨 속에 지리산 풍광과 주변 조형물을 카메라에 담느라고 여념이 없었다. 아직 오도재까지는 조금 더 올라가야 하지만 지금까지와 비교해보면 거의 평지 수준인 데다가 거리도 짧다. 이곳에서는 천왕봉부터 반야봉까지 한눈에 들어온다. 눈에 보이는 거리는 상당히 짧아 보이는데 노고단에서 천왕봉까지 종주를 하자면 2박 3일 정도는 소요되지 않는가?

한껏 휴식을 취한 우리는 가벼운 마음으로 오도재를 향해 힘차게 페달을 돌렸다. 잠시 후 눈앞에 지리산 제일문이 모습을 드러냈다. 조망공원을 출발하여 1km가 채 되지 않는 거리에다 경사도 거의 없는 수준이니 활짝 웃는 **얼굴**로 자전거에서 내린다. 그리고는 셀카도 찍고 서로의 모습을 찍

한국의 아름다운 길 100선에 포함된 지안재

어주기도 한다. 지리산 제일문을 통과하면 표지석이 있는데, 표지석에는
오도재(773m)가 오도령이라고 되어 있다. 사람들은 오도재와 지안재를
혼동하는 경우가 많은데, 함양에서 올라오면 지안재를 거쳐서 오도재에
오르게 된다. 이 방면 역시 경사도는 15%를 넘어선다. 라이더들 사이에는
오도재를 1급 업힐 구간으로 간주하고 있을 정도이다.

부지런히 사진을 찍고 이야기꽃을 피우다가 이제는 지안재로 향한다.
아우는 중간에 또 업힐이 있느냐고 나에게 묻는다. 나는 업힐이라고 부를
만한 구간은 없으며 약한 오르막이 있기는 하지만 내려가는 탄력으로 올
라가면 약한 업힐이라는 생각조차 들지 않을 것이라고 말해준다. 그래도
아우는 못 믿겠다는 표정이다. 그래서 나는 거짓말이라면 10만 원을 주겠

다는 약속까지 했다. 그보다는 오히려 내리막 경사가 상당히 급하니 조심해서 다운힐하라는 주의를 단단히 주었다.

　실제로 작년에 오도재에서 지안재를 향해서 내려갈 때, 그때는 MTB를 타고 왔는데 브레이크를 잡는데 패드 타는 냄새가 났을 정도로 경사가 급했다. 아마 기온이 너무 높아서 더욱 그러했을 것이다. 그렇게 조심을 시

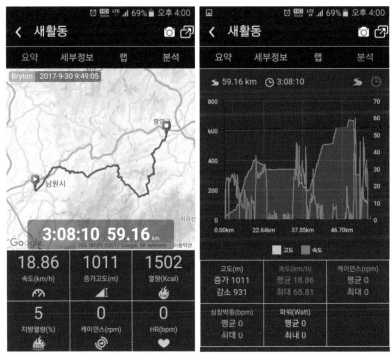

남원터미널~여원재~오도재~지안재~함양터미널 구간 지도와 고도표

키고 내려가는데, 다운힐을 잘 하는 아우는 이미 저 멀리 달려 내려가고 있다. 지안재까지는 4km가 채 되지 않는다. 아주 짧은 시간 다운힐을 하여 드디어 지안재(360m)에 도착했다. 지도상에 높이가 나와 있지 않지만, 등고선으로 확인해보니 지안재의 높이가 360m쯤 되는 것 같다.

한국의 아름다운 길 100선에 포함되는 지안재는 CF촬영뿐만 아니라 드라마나 영화의 배경에 등장하며 뮤직비디오에도 등장할 정도로 아름답다. 이 길은 위에서 내려다보아야 그 아름다움을 제대로 느낄 수 있다. 꼬불꼬불 길의 직선거리만 두고 보면 500m도 되지 않는다. 그런데도 드라이브 코스나 라이딩 코스로 각광받는 곳이다. 어떤 사람을 라이딩하는 모습을 동영상으로 담기 위해서 오르내리기를 몇 번이나 반복하기도 한다.

이제 함양시외버스터미널까지 남은 거리는 7.5km 정도. 차량도 별로 없고 달리기 쉬운 길이다. 오후 3시쯤에 우리는 함양시외버스터미널에 도착했다. 오늘 라이딩한 총 거리는 약 60km. 하지만 유철희 님은 160km를 넘게 달린 상태였다. 그것도 그냥 자전거길이 아니라 지리산 둘레를 돌아서 획득고도가 2,500m는 넘어섰을 것이다. 우리는 16시에 출발하는 대구행 버스 승차권을 구입하고 편의점으로 옮겨서 음료수를 마시며 이런저런 이야기를 나누었다.

도발 카페를 통해서 서로의 글을 통해서만 알게 된 사이인데, 이번에 지리산 라이딩을 핑계 삼아 서로 만난 것이다. 유철희 님은 북미식 집을 전문으로 짓는 분이다. 지리산 남쪽 산청군에 살면서 부모님, 세 아들과 함께 부부가 자연을 한껏 만끽하는 생활을 하고 있다고 한다. 그는 집에까지 다시 또 달려가야 한다. 우리가 갈 때까지 한 시간 정도는 휴식을 취하는 것이니 그나마 피로회복이 많이 되지 않을까 싶다. 버스 출발 시간이 다 되어서 그는 다시 자전거에 올랐다. 나중에 들으니 그는 그날 217km를 달렸고 3,237m를 올랐다고 했다.

나이와 상관없이, 내가 달려보지 못한 거리와 올라보지 못한 높이를 누군가가 올랐다는 소식을 접하면 나는 도전 욕구가 생긴다. 나는 그런 사람을 보면 존경심과 경외감을 느낀다. 올해 백두대간 종주 솔로 라이딩을 이렇게 자축하는 라이딩을 하면서 내년만 기약하는 게 아니다. 내가 살아 있는 한, 아니 내가 살아 있음을 느끼기 위해서 좀 더 멀리 달리고 좀 더 높이 오르고 싶다. 이게 내 육체의 한계인가 하며 느끼기도 했지만, 그게 아니었다.

아직 나는 적어도 라이딩을 하면서 나의 정신과 육체의 한계를 맛보지 못했다. 나는 24시간을 기준으로 삼는다. 24시간 동안 중간에 휴식을 취하는 시간은 당연히 포함하지만, 잠은 자지 않은 상태에서 얼마의 거리를 달릴 수 있고 어느 정도의 획득고도를 달성할 수 있는지는 시험해본 적이 없다. 라이딩을 하는 동안 나의 경쟁 상대는 오직 나 자신뿐이다. 나는 나를 이기기 위해 장거리 라이딩을 한다. 백두대간 종주 라이딩은 그런 나에게 안성맞춤이다. 다음 목표를 위해 오늘도 나는 라이딩을 한다.

2017년 9월 10일 낮 12시 57분

마침내 2017년 9월 10일 낮 12시 57분 미시령 표지석을 배경으로 사진을 찍으면서 백두대간 종주 솔로 라이딩을 완성하는 인증샷을 남겼다.

2017년 5월 3일 지리산 정령치와 성삼재에 오르는 것을 시작으로 9월 10일 한계령과 진부령, 미시령을 마지막으로 65개 고개를 넘는 동안 1,590km 거리를 달리면서 24,046m 높이를 획득했다. 여기에다 백두대간 종주 솔로 라이딩을 자축하는 의미에서 여원재와 오도재 그리고 지안재까지 넘은 걸 포함하면 1,650km의 거리에 획득고도는 25,057m가 된다. 16개 구간으로 나누어서 달렸기 때문에 한 구간 평균 103km를 달리는 동안 1,566m의 획득고도를 기록했다. 당일 최장거리 라이딩과 최고 획득고도를 달성한 구간은 강릉시외버스터미널을 출발하여 대관령, 진고개, 속사재, 운두령, 구룡령, 조침령에 오른 후 송천민속떡마을에서 민박

백두대간 종주 솔로라이딩을 완성하는 순간

을 한 168km와 2,961m 구간이다. 나로서는 개인 기록이다.

라이딩 총 거리가 1,650km이지만 출발점과 도착점을 거의 모두 버스 터미널을 기준으로 했기 때문에, 만일 도중에 숙식을 해결해가면서 한꺼번에 달린다면 거리와 획득고도는 많이 줄어들 것이다. 한꺼번에 달리는 것도, 나처럼 주말을 이용하여 구간을 나누어 달리는 것도 모두 의미 있는 라이딩이다. 라이딩이 본업인 사람도 있겠지만 현재 우리나라에서 라이딩을 즐기는 사람들 대부분은 본업을 따로 두고, 없는 시간을 쪼개서 자전거를 타는 형편이다. 그렇다고 서구 선진국들처럼 휴가기간이 긴 것도 아니다. 또 백두대간 종주 라이딩 코스는 국토 종주나 4대강 종주 라이딩 코스처럼 평탄한 길이 주를 이루고 있는 게 아니다.

나는 주말을 이용하여 달렸다. 그것도 되도록이면 토요일에 달리고자 하였다. 그리고 토, 일요일 가운데 하루는 가족에 대한 미안한 마음과 가족에 대한 책임감을 가지고 가정에서 내가 할 수 있는 청소부터 시작해서 해야 할 일을 찾아서 했다. 그런 일이 때로는 하루 종일 걸린 적도 있었다. 가정에서건 사회에서건 내가 해야 할 일을 제대로 하지 않으면서 내가 하고 싶은 것만 찾아서 한다는 건 잘못된 것이라고 생각한다. 자신의 의무와 책임을 다하면서 권리를 주장할 때 존중받는 사람이 된다. 내가 그렇게 하기 때문에 나의 가족은 주말이면 당연히 내가 라이딩을 위해서 어디론가 떠난다는 것을 알고 있으며, 그게 어디인지에 대해서도 가끔씩만 묻는다. 적어도 나의 가족은 가정에서 내가 할 일을 나름대로 찾아서 잘 하고 있다고 생각하는 까닭이다.

그런 생활 속에서 백두대간 종주 솔로 라이딩을 하는 동안 9개의 국립 공원을 통과했는데 남쪽에서부터 보면 지리산, 덕유산, 속리산, 월악산, 소백산, 함백산, 태백산, 오대산, 설악산 국립공원이다. 그리고 이름을 모두 나열하기도 힘들지만 수많은 유명한 계곡을 왼편에 혹은 오른편에 끼고 달리기도 했다. 뱀사골, 달궁, 구룡, 선유동, 만수, 월악산, 희방, 죽령,

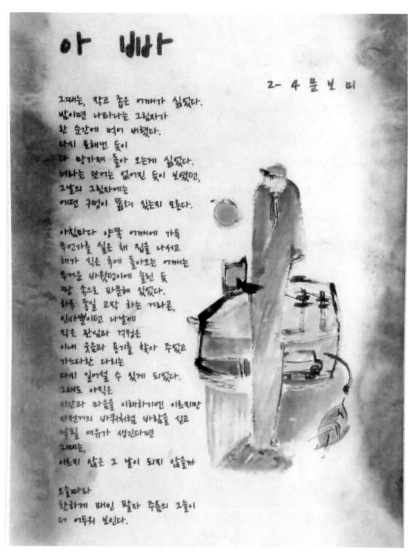

지금은 고등학교 3학년인 작은딸이 중학교 2학년 때 지은 시. 라이딩에 빠져 있는 아빠를 이해하기 어려웠을 것이다.

김삿갓, 내리, 미천골, 공수전, 옥녀탕, 구만동, 십이선녀탕, 백담, 미시령 계곡 등이 그것이다.

국립공원과 계곡에 오랫동안 머문 것은 아니지만, 대부분은 자전거를 타고 고갯마루에서 사진만 찍고 다음 고개를 향해 출발하지만, 그렇지만 업힐하면서 흘린 땀을 닦으며 성취감에 젖는다. 때로는 급경사를 오르기도 하고, 때로는 비포장 경사길이 나타나기도 하지만 끝내는 모든 고개의 정상에 올랐다. 정상까지 자동차나 오토바이를 타고 오른 사람이 가끔 묻기도 한다. 힘들지 않느냐고? 당연히 힘이 든다. 힘이 들기 때문에 성취감을 더욱 크게 느낀다. 목표에 대한 도전, 그 도전을 성공하고 난 다음에 느끼는 희열!

그러한 희열은 타인에게서 인정받아서가 아니라 내가 나 자신을 이겨 낸 결과이기 때문에 내면에서 터져 나오는 웃음이고 사신을 칭찬하는 내면의 소리이다. 백두대간 종주 라이딩은 바로 이런 의미가 있다. 그렇기 때문에 백두대간 종주 라이딩은 자기 자신과의 싸움이 아니라 스스로에 대해 모르고 있었던 자신의 또 다른 면을 찾아가는 과정이다. 나이와 상관없이 자신의 능력과 잠재력을 한계 짓고 규정할 필요가 없다. 해보지 않은 것이라면 시도하고 도전해보면 된다. 최선을 다했는데도 목표에 다다르지 못할 수도 있다. 그렇지만 그건 실패가 아니라 거기까지 성공한 것이다. 거기까지 다다른 자신의 능력과 한계를 알게 되었으니 얼마나 의미 있는 과정이었겠는가! 진정한 실패자는 늘 생각만 하고 도전하지 않는 사람이다.

독일 철학자 칸트Kant는 감각과 사유의 결합에서 인식이 성립한다는 것을 "개념 없는 직관은 맹목적이고 직관 없는 개념은 공허하다"라는 말로 표현했다. 나는 이 말을 인생에서 "꿈이 없는 삶은 맹목적이며 실행하지 않는 생각은 공허하다"라는 말로 바꾸어 표현하고 싶다. 자전거를 타고 달릴 때는 오로지 두 바퀴의 지극히 적은 부분만 지면에 닿는다. 살아 움직이는 자전거는 결코 쓰러지거나 넘어지지 않는다. 나의 힘으로 페달을 돌리지 않는 한 자전거는 앞으로 나아가지 않는다. 그렇기 때문에 자전거를 살아 움직이게 하는 건 오로지 나의 힘이다. 그 힘은 달리고 싶다는 나의 생각에서 비롯된다. 생각을 실행에 옮길 때 나의 꿈도 함께 자란다. 자전거를 타면 탈수록, 라이딩을 하면 할수록 나의 꿈은 더욱 커지고 이상에서 현실로 다가온다. 그래서 나는 내년에도, 아니 해마다 백두대간 종주 라이딩을 할 것이다. 더 나아가서 알프스를 넘고 북유럽 3개국(스웨덴, 노르웨이, 핀란드)을 자전거로 여행할 것이며, 자전거를 타고 오로라를 맞이하고, 몽골 초원 밤하늘의 별들을 등불 삼아 야생마처럼 달리며, 티벳 차마고도 고행 길을 순례하려 한다.

이처럼 라이딩은 나로 하여금 끊임없이 꿈을 꾸게 하며 그 꿈을 하나하나 이루게 하는 도전과 성취의 연속이다. 한 마디로 삶은 도전과 실패 그

Micro 5G Nano 도발 체인링 42-26T

리고 성취의 연속이다. 도전하는 삶을 생각하면 떠오르는 사람이 있다. 내가 자전거와 라이딩으로 인연을 맺게 된 사람이다. 하지만 아직 그와 함께 라이딩을 한 적은 없다. 그는 자전거 체인링 개발자이다. 그 체인링의 이름은 도발Doval이다. 도발 체인링은 두 개의 비대칭 타원을 결합Dual+Oval하여 곡률에 변화를 줌으로써 페달링을 최대한 자연스럽고 부드럽게 해주어 주행성능을 향상시키고, 근육을 증대시키는 동시에 균형 있는 체형을 만들어주는 등 신체변화를 가져오며, 결과적으로 라이딩의 즐거움을 극대화하는 데 목적이 있다.

그런데 이런 제품을 개발한다는 자체도 중요하지만, 나는 새롭고 발전

된 도발 체인링을 끊임없이 개발해내는 개발자의 정신에 본받을 점이 있어서 여기에 소개하는 것이다. 그의 이름은 최윤석이다. 그는 포기할 줄 모르는 불굴의 정신력을 소유하고 있다. 자전거에서 중요하지 않은 부품이 어디 있겠는가만 자전거를 탄 라이더로 하여금 좀 더 빨리 달리게 하고 경사가 센 가파른 언덕을 좀 더 편하고 빠르게 올라가게 하는 것은, 라이더의 신체적 요소를 제외한다면, 체인링이 좌우한다고 해도 과언이 아니다. 지금 세계의 자전거 시장은 세계적인 대회를 후원하는 업체들이 장악하고 있는 게 현실이다. 그런 현실에 그는 도전장을 내민 것이다. 계란으로 바위치기라고 평하는 사람들도 있지만, 그의 철학은 매우 분명하다. 그의 말을 하나만 들어보자.

"해외나 국내나 체육학 교수님들 마인드는 그냥 체육학이 영양학이나 의학에 종속된 수준으로 스스로 인정하고 사시는 분들입니다. 반면 저는 영양과 의학이 체육학에 종속된 하부 개념이거나 체육학이라는 거대한 토대 위에 발을 담그는 수준으로 봅니다."

이 말은 건강을 위해 또는 취미생활로 라이딩을 즐기는 사람들에게 무척이나 중요한 내용을 담고 있다. 무엇보다 자신의 건강을 영양과 의학에 의존하기보다는 운동을 통해 지키고 더욱 건강해지라는 뜻이다. 영양과 의학이 중요하지 않다는 뜻이 아니라 운동이 상대적으로 더 중요하고 운동이 육체적 삶의 토대라는 점을 강조하는 말이다. 삶에 쫓기는 현대인들,

특히 우리나라 사람들에게 역설적으로 운동을 위한 시간을 내라는 말이다. 육체와 근육은 사용하지 않으면 굳어지는데, 그렇게 되면 영양과 의학 덕분에 수명은 연장될지라도 마치 살아 있는 시체처럼 자신의 몸이 변하는데도, 운동으로 경직된 몸에 유연성을 기르게 하기보다는 건강보조제나 의학의 도움으로 그저 연명하는 것밖에 되지 않는다. 이것은 주객이 전도된 현상이다. 건강은 건강할 때 지키라고 한다. 건강할 때 건강을 지키기 위해서는 운동이 우선일까 아니면 건강보조제나 의학이 우선일까? 운동을 하지 않는 상태에서의 영양은 비만과 성인병만 초래할 뿐이고 결국 의료쇼핑족만 양산할 뿐이다.

도발 최윤석은 이와 같은 거대한 시장과 학문 세계에 도전장을 내민 것이다. 나는 그의 이러한 정신이 좋다. 나 또한 철학을 전공하여 독일에서 박사학위를 받고 현재 계명대학교 교수로서 학생들을 가르치면서, 학생들에게 자기 자신의 잠재능력을 계발하고 세상으로 나아가기 위해서는 새로운 것에 도전하기를 두려워하지 말 것을 강조한다. 그는 스스로 제품을 설계·디자인 하고 시제품을 생산하여 시험해보면서 소비자들에게 제공하여 수시로 피드백을 받는다. 그런 후 그는 또 다시 이론서를 파고들고 자신의 육체를 시험도구로 삼아서 완제품을 만들기 위해 밤을 지새우고 도로를 달리며 오르막을 올라간다. 생산자와 소비자가 함께 하는 이런 과정을 거쳐서 탄생하는 새로운 제품을 그는 작품이라고 부른다.

나는 그가 만들어낸 작품을 2년 전부터 장착하여 타고 다닌다. 새로운 작품이 나오면 호기심에 나 자신을 더욱 시험에 들게 하기도 한다. 페달링은 더 부드럽고 빨라졌으며 하체 근육은 더욱 단단해졌다. 오르기 힘들었던 오르막을 좀 더 쉽게 오를 수 있게 된 것이 그의 새로운 작품 때문인지 아니면 나의 육체적 능력이 향상되어서 그런지는 정확하게 모른다. 한 가지 분명한 사실은 나는 이삼십대의 청춘이 아니라 곧 예순을 바라보는 나이이기 때문에 육체적 쇠락이 눈에 띄게 보일 텐데도 나의 라이딩 흔적을 보며 젊은이들이 여전히 부러워한다는 사실이다. 그렇다면 도발 최윤석의 작품이 나의 라이딩에 커다란 영향을 주고 있음이 틀림없을 터이다. 그렇기 때문에 나는 그가 만들어낸 작품(도발 체인링)을 장착한 나의 자전거를 단순히 기계로만 치부하지 않는다. 나는 그의 정신과 혼, 그의 피와 땀과 함께 달리는 것이다. 이 자리를 빌려 그런 그에게 고마움을 전한다.

전국교통행정지도

저자가 전국을 라이딩 무대로 삼아 달린 흔적을 표시한 대형지도